Regina Bohne
Das katholische System

EINGEGANGEN 2 1. April 1978

Dr. Michael Fassbender
POB 10 06 62
Neckarstr. 48
D - 4100 DUISBURG 1
Tel.: 02 03 / 33 69 51

Kritische Texte 11

Regina Bohne

Das katholische System

Eine Skizze

Benziger Verlag

Alle Rechte vorbehalten
© Copyright 1972 by Benziger Verlag
Zürich, Einsiedeln, Köln
Hergestellt im Graphischen Betrieb Benziger, Einsiedeln
ISBN 3 545 24037 1

Inhalt

Einführung in das Thema: Die Frage nach der Gemeinde	7
Herkunft des Begriffs	13
Die Verfälschung der Botschaft Jesu	17
Rechter Glaube – unrechtes Leben	22
Die Verderber des Erdkreises	24
Die Geschichte des Heils	27
Die beginnende Verrechtlichung	28
Leben der misera plebs – und des Adels	30
Die Systemkirche setzt sich absolut	33
Die Rebellion der Frommen	35
Das Beispiel «Isolotto»	48
Der Großinquisitor	52
Die Eigentumsfrage	54
Der Theoretische Armutsstreit	56
Die verbotene Bibel	63
…und die Angst vor ihr	67
Kirche ohne Zukunft	70
Pro- und Antitest der Heiligen	73
Was wir brauchen	75
Der Priesterkönig	76
Statt eines Nachwortes: Das System strafft sich	81
Wider die Resignation	84
Die Reaktion der Kurie	86
Literatur	88

Ihr habt das Wort Gottes außer Kraft gesetzt um eurer Überlieferung willen.   Mt 15,6 und Mk 7,13

Einführung in das Thema: Die Frage nach der Gemeinde

Die Frage nach Herkunft, Wesen, Bedeutung des römisch-katholischen Systems leitet sich nicht nur, aber auch ab von der fragenden Feststellung, daß es Gemeinde offenkundig nicht gibt. Gemeinde als eine lebendige, zukunftsoffene, eschatologische Größe, die weiß, warum sie – noch – glaubt inmitten der System-Großkirche. Gemeinde, die über die Funktion der Kirche und der von ihr angebotenen Theologie nachdenkt. Gemeinde, die etwas ausrichtet im Sinn der Sache Jesu Christi: die *Befreiung* des Menschen von aller Menschenherrschaft, auf daß die Gottesherrschaft beginnen kann. Gemeinde, in der Menschen aufmerksam einander wahrnehmen, miteinander leben, aufeinander hören; Menschen, die einander wirkungsvolle Lebens- und also Glaubenshilfe, die einander wirkungsvolle Glaubens- und also Lebenshilfe leisten. Gemeinde, die eine ihr angemessene Theologie hervorbringt aufgrund gemeinsamer Lebens-, Menschen-, Welt- und Glaubenserfahrungen.

Warum gibt es diese Gemeinde nicht – oder doch nur ganz vereinzelt? Lassen wir zahlreiche häufig erörterte Gründe soziologischer Art beiseite, bleiben genügend andere Gründe für das Nichtvorhandensein von Gemeinde übrig und zu bedenken. Hier wird behauptet, daß es Gemeinde nicht geben kann, wo keine gemeinsamen Glaubens- und Lebenserfahrungen gemacht und reflektiert werden, die indes nicht Selbstzweck der Gemeinde sein sollen, sondern der Bezugsrahmen für anderes: für die Sorge, für zahlreiche quälende Sorgen um die Angelegenheiten der Umwelt und der Welt, über die wir täglich unterrichtet werden: immer noch andauernder Zerstörungskrieg in Südostasien; Barackenbewohner in der Umgebung; dem Rauschgift verfallene Jugendliche auch in unserer Umgebung; zerstrittene Ehen und zerstrittene

Eltern-Kinder-Beziehungen; alte Menschen ohne Gesprächsmöglichkeit; herumvagabundierende Jugendliche, die keinen Ort für sich finden; Folterung politischer Gefangener in zahlreichen Ländern; Hungernde in der Dritten Welt.

Immer schwerer ist zu erkennen, warum Menschen überhaupt – noch – zum mindestens sonntäglichen Gottesdienst gehen, ohne diesen Gottesdienst als Menschendienst zu begreifen und zu feiern? Geht es diesen Christen auch heute noch allein ums eigene Seelenheil? Sind denn die Christen, die noch zur Kirche gehen, tatsächlich an einem Heil für ihre «Seele» interessiert – oder nicht vielmehr am heil-Werden, am heil-Sein ihres täglichen und täglich schwieriger werdenden Lebens?

Ist den heutigen Kirchgängern noch an der herkömmlichen Pastoral und Seelenheiltheologie gelegen, oder wünschen sie sich insgeheim eine andere Pastoral und eine von ihnen selbst hervorgebrachte Theologie – hervorgebracht auf dem Hintergrund ihres gelebten, erlittenen Lebens? Empfinden die heutigen Kirchgänger die ihnen angebotene Theologie nicht als einen Fremdkörper, der im Grunde nicht zu ihrem Leben, zu ihren Nöten, zu den Nöten der Umwelt und der Welt gehört? Als einen Fremdkörper, der ihnen – wie seit eh und je – jeden Sonntag neu übergestülpt wird gleich einer undurchsichtigen Glasglocke; und darunter sitzen sie nun, unter dieser Meta-physik, und versuchen etwas mit ihr anzufangen, wissen aber nicht: *was?*

Offenkundig fehlt in den herkömmlichen Gemeinden, wie wir sie heute noch vorfinden, jener unbefangene, vertrauensvolle Austausch von Glaubenserfahrungen, die sich ja stets auf Lebenserfahrungen, Menschenerfahrungen gründen. Niemals gibt es Glaubenserfahrungen in einem luftleeren Raum. Und fehlt es nicht auch an einem neuen oder erneuerten Verständnis von *Heil?* – Heil wofür und für wen? Allein für mich selbst? Wo beginnt dieses Heilsangebot und diese Heilsverwirklichung, wenn nicht innerhalb einer Gemeinde, die sich aber nicht Selbstzweck sein darf, sondern extrem *für* andere da ist, für die Sache Jesu Christi in der Welt?

Diese «Sache» meint die *Befreiung* von Schuld gegenüber den Mitmenschen und dadurch gegenüber Gott; sie meint die *Befreiung von Menschenherrschaft*. Sie meint, in anderen Worten, die Befreiung des Menschen von seiner Objektivierung, wie sie in allen vor- und nebenchristlichen Herrschaftsreligionen gegeben war. In ihnen mußte sich der Mensch, der Untertan, zumeist ja im Sklavenstand, der Machtausübung der Herrschenden und ihrer Priesterschaft sowie der von ihr vermittelten Theologie fraglos unterwerfen. Subjekt waren allein die Herrschenden – Könige, Kaiser –, die Fürsten und ihre Priester. Die im Sklavenstand lebenden Untertanen waren Objekte und als solche unterdrückt und unfrei.

Das Christentum intendierte zum erstenmal in der uns bekannten Menschheitsgeschichte die Befreiung und die Freiheit des Menschen von außer seiner selbst liegenden Zwängen der Religion und der durch sie bestimmten Gesellschaft. Zum erstenmal sollte und durfte sich der Mensch als bewußtes *Subjekt* verstehen, gebunden allein an die Gebote Gottes, an die ethischen Normen und Verhaltensweisen Jesu Christi. In dieser gehorsamen Gebundenheit sollte der Mensch *frei* sein.

Diese Freiheit hatte Jesus in die Welt gebracht! Er hatte, um auch dies noch sogleich zu sagen, keine Kultkirche gewollt, sondern eine freie Bruderkirche, in der es nicht hierarchisch, sondern anarchisch zugehen sollte: *herrschaftsfrei*. Allein eine solche Kirche hätte sich abgehoben von ihrer heidnisch-mythisch-magischen Umwelt. Statt dessen hat die werdende Kirche frühzeitig dieser Umwelt sich angepaßt. Aus den Geboten Gottes, den konkreten Anweisungen Jesu für den Umgang untereinander entstand ein philosophisch-theologisches System, in welchem Himmel und Erde auseinandergerissen wurden: eine neue Erlösungsreligion war geboren, deren es im Vorderen Orient sowie im Römischen Reich zahlreiche gab.

Das war es nicht, was die von Angst und Furcht gejagten Menschen sich erhofft hatten, daß sie abermals in Furcht und Schrecken versetzt wurden, nun durch die herrscherlich auftretenden Repräsentanten des Christentums.

Mit diesen wenigen Vorbemerkungen stehen wir vor der Frage nach dem Wesen und Werden des *römisch-katholischen Systems*. Hier wird nun die Vermutung, sogar die Behauptung ausgesprochen, daß diese sich herausbildende Systemkirche das Zustandekommen wahrhaft christlich-brüderlicher Gemeinden, wie Jesus sie wollte, bis auf unsere Tage *verhindert* hat. Können solche Gemeinden nicht allein dort entstehen, wo mit der Menschheit und also auch mit dem Leiden und Mit-leiden Jesu Ernst gemacht wird? Wo zentrale biblische Werte wie humane und soziale Gerechtigkeit, Freundschaftlichkeit und Brüderlichkeit, Mitmenschlichkeit (Nächsten- und Fernstenliebe), Vergebungs- und Versöhnungsfähigkeit, Feindesliebe und Friedensstiftung das Leben, Glauben, Denken der Gemeinde bestimmen und entsprechende Erfahrungen angesammelt, zur Sprache gebracht, in Theologie umgesetzt werden?

Heute, so sieht es aus, finden die meisten aufmerksamen Gläubigen, die sich auch um die neueren Theologien kümmern, kein Genüge mehr an der Beschaffenheit ihrer «Kirche am Ort», ihrer Gemeinde, die keine ist. Sie suchen nach neuen Wegen, Formen, Modellen und Strukturen von Gemeinde, gemeinschaftlichen Lebens und Handelns aus dem Glauben; eines Lebens und Handelns, das sie zu *Freunden Jesu Christi* macht; denn Freunde wollte er um sich versammelt wissen!

«Der Mensch hat das Gefühl, was die Kirche anbiete, schmecke nach aufgewärmtem Konservatismus, der niemand mehr begeistert; es rieche nach modriger Vergangenheit und sei *keine Hilfe für die Zukunft*» –

so schrieb schon vor 10 Jahren Albert Görres in seiner Analyse über den «Menschen unserer Zeit und seine Glaubenssituation».[1] Keine Hilfe für die Zukunft – *das* ist es, was uns fehlt. Die Kirche hat offenkundig keine Zukunftsstrategie vorbereitet?
Ein Jahr später wurden wir aufgescheucht durch Carl Amerys Darstellung, Analyse und Kritik des «katholischen Milieus».[2]
Seitdem hatten wir das Konzil. Seitdem hatten wir in der Folge des Konzils sehr viel fruchtbare Unruhe unter sonntäglichen Kirchgängern und Theologen; unter jungen Kaplänen und alten Pfarrern, die die Zeit – und die Kirche – nicht mehr begreifen konnten. Die Kirche, so schien es, befand sich endlich im Strom der großen europäischen Freiheits- und Aufklärungsbewegung, die im 19. Jahrhundert erstickt worden war. Nun war sie, auf einmal, wieder da. Zugleich verhärteten sich die Fronten – diese Vorgänge alle werden hier (kühn?) als bekannt vorausgesetzt.
Was wir heute, im Jahre 1972, sehen, ist eine stark zurückschreitende Bewegung auf allen Ebenen. In den Gemeinden, in den Episkopaten – nicht nur der Bundesrepublik; auch Frankreichs, Italiens, der Niederlande; zahlreicher lateinamerikanischer Länder; Spaniens, Portugals. Und nur noch sehr engagierte und couragierte Minderheiten versuchen die Fahne des notwendigen Fortschreitens in eine dunkle, ungewisse Zukunft hinein hochzuhalten. Die Konfession dieser an der unverfälschten Sache Jesu Christi engagierten Christen heißt: *progressiv*. Dies wird hier bewußt ohne genaue Differenzierungen gesagt.
Denn die Hauptfrage ist die nach dem römisch-katholischen System, dessen «Zusammenbruch» oder auch «Verfall» von zahlreichen nicht nur konservati-

---

[1] J. M. Reuß, Glauben heute – Überlegungen für den Dienst am Glauben, Mainz 1962; darin der Beitrag von A. Görres, Der Mensch unserer Zeit und seine Glaubenssituation. Zitat S. 62.
[2] C. Amery, Die Kapitulation oder Deutscher Katholizismus heute, Hamburg 1963.

ven, sondern betont re-aktionären Personen und Gruppen inmitten der Kirche laut beklagt wird.

Es ist wahr: das vom Beginn des 3. Jahrhunderts an aufgebaute, ausgebaute, stetig aufeinandergetürmte römisch-katholische System, unter dem das Evangelium von Jahrhundert zu Jahrhundert weniger auszumachen war – dieses römische Dogmen-, Rechts-, Sicherheits- und Bewahrungssystem existiert zwar unverändert in seinen Strukturen –, besonders bei Papst, Kurie und Kardinal Höffner. Es hält aber heute nur noch schlecht die Kirche als ganze zusammen; es hält vorab noch das äußere, das sichtbare Gefüge der Kirche zusammen.

Bis vor etwa zwei Jahren schien das römisch-kirchliche System einer wachsenden Zahl von Gläubigen, Priestern, Bischöfen, Ordensleuten nicht mehr viel zu bedeuten. Heute, im Jahre 1972, bahnt sich ein bemerkenswerter Wandel an: das römisch-katholische System macht zahlreiche Versuche, sich zu straffen; sich zu festigen, zu verfestigen; erneut sich auszubreiten und absolut zu setzen.

Das ist beängstigend, sogar bedrohlich!

Es würde bedeuten, daß die Systemkirche, menschlich gesprochen (können Menschen andere als menschliche Gedanken fassen und aussprechen?), mehr und mehr bloße Institution würde zur Bewahrung und Versteinerung alter Glaubenssätze, die Leerformeln geworden sind, weil sie im Leben der Menschen keinen Sitz mehr haben. So würde die Kirche auf das Niveau einer Sekte herabsinken – das ist ja nicht eine Frage der Quantität, sondern der Geisteshaltung. Es kann freilich außerdem noch eine quantitative Frage sein und werden: des großen Auszugs von Millionen!

Auf wenigen Seiten kann allein eine knappe Skizze des römisch-katholischen Systems entworfen und, hoffentlich, einsichtig und begreiflich gemacht werden. Es wird darauf ankommen, Gelenkstellen zu finden, die der Kirche zwei – mindestens zwei – Wege eröffneten; und es wird zu beachten sein, welchen Weg die Systemkirche je und je gewählt hat.

Herkunft des Begriffs

Die Bezeichnung «römisch-katholisches System» stammt von Auguste Comte, einem der geschichtsmächtigsten Denker des vorigen Jahrhunderts, einige Jahrzehnte Zeitgenosse von Karl Marx, indes kein Marxist, sondern Agnostiker (Comte lebte von 1798 bis 1857; Marx von 1818 bis 1883).

Auguste Comte strebte in einem «Zeitalter der Anarchie» eine neue, «positive» Gesellschaft mit neuen Werten an – eine Gesellschaft von Wissenschaftlern und Erfindern; von Menschen, die einer «positiven Religion» anhängen und ihr sich auch beugen.[3] Dafür suchte er in der Historie Europas nach einem tragfähigen sozialen Modell, das seiner visionär erschauten Gelehrten-Priestergesellschaft als ideologischer Überbau dienen konnte. Er fand es im «*römisch-katholischen System*», in der «katholischen Verfassung, Organisation und Disziplin» der hochmittelalterlichen Papstkirche. Dieses System des historischen «Katholizismus» unterschied Comte streng vom Christentum, wie es in den Berichten der Synoptiker nach Comtes Auffassung begegnet. Comte bewunderte dieses «römisch-katholische System» des Hochmittelalters, er wollte es gern erhalten, beziehungsweise erneuert wissen und für die von ihm anvisierte glaubenslose Gelehrten-Priestergesellschaft fruchtbar machen. Lediglich also das hierarchisch-soziale Herrschaftssystem der mittelalterlichen Kirchen – ohne Offenbarungsglaube, ohne Bibel, ohne Kirche als Institution oder wie auch immer verstanden.

[3] Zu Auguste Comte: benutzt wurden K. Löwith, Weltgeschichte und Heilsgeschehen, Stuttgart 1953; darin IV. Fortschritt contra Vorsehung: Comte; sowie H. de Lubac, Die Tragödie des Humanismus ohne Gott. II. Teil: Auguste Comte und das Christentum, Salzburg 1950. In beiden Werken nähere Hinweise zum Werk Comtes, das in deutscher Sprache nicht vollständig zugänglich ist. Lubac macht nachdrücklich darauf aufmerksam, «daß Comte den Katholizismus nur insoweit bewundert, als er ihn vom Christentum unterscheidet oder ihn diesem entgegenstellt. Wenn er gelegentlich in einem allgemeineren Sinn von ihm spricht, dann immer kritisch» (S. 369).

Dieses römisch-katholische System, für das hier weniger das kostbare Wort katholisch verwendet wird und mehr das weniger kostbare Wort römisch, war nach Auguste Comtes Auffassung in einer Zeit des Umbruchs, des Verlustes aller einstigen humanen und religiösen Werte allein imstande, anarchische, herrschaftsfreie Zustände zu bannen. Auguste Comte verstand seine Lebenszeit im damaligen Frankreich, also etwa seit 1830, als hoffnungslos anarchisch, zerrüttet und daher erneuerungsbedürftig.

Und er, Comte, fühlte sich berufen, mit neuen Gesetzestafeln vor die verstörte Menschheit zu treten.

Comte meinte nun, das römisch-katholische System, wie es sich vom letzten Drittel des 11. Jahrhunderts an und während des ganzen 12. und 13. Jahrhunderts herausgebildet hat und «funktionierte», sei eine höchst wirkungsvolle zentralistische «Organisation» gewesen. Sie habe es, mit «Hilfe einer weisen, allgegenwärtigen Priesterschaft» vermocht, «die *Anarchie des Evangeliums*» zu «disziplinieren».

Richtig erkannte Comte, was heutige Ekklesiologie natürlich auch an den Tag gebracht hat: daß das römische System als ein Dogmen-, Rechts- und soziales System in der Regierungszeit der Innozenz-Päpste aufgipfelte, also im 13. Jahrhundert. Um 1300, mit der Regierungszeit von Bonifaz VIII., hatte das System, nach Comtes Einsicht, seinen Höhepunkt schon überschritten, und im 14. Jahrhundert brach es zusammen. Wir werden sehen, ob es sich so verhält.

Hier muß sogleich gesagt werden, daß es in gewisser Weise das römisch-katholische System schon sehr viel früher gegeben hat. Es bildete sich vom dritten Jahrhundert an heraus. Römisches Rechtsdenken drang frühzeitig in die Verfassung der alten ecclesia ein. In welch mannigfacher Weise und nicht am wenigsten auch theologisch und dogmengeschichtlich dies der Fall gewesen ist, wie das System sich von den Kaisern Konstantin und Theodosius an (also seit der Mitte des 4. Jahrhunderts) ausgeprägt und gestrafft hat, beschreibt Rudolf Hernegger in seinem eindrucksvollen Buch «Macht ohne Auftrag».[4] Hernegger arbeitet ideologiekritisch und also systemkritisch. Sein Buch erregte bei denen, die es vor neun Jahren sofort studierten, großes Aufsehen. Es wurde denn auch unter kirchlichem Druck schnell aus dem Verkehr gezogen. In Bibliotheken ist es selbstverständlich zu finden.

Was Auguste Comte vorab am römisch-katholischen System hochschätzte, war die Trennung der geistlichen von der weltlichen Macht, wodurch sich die universale Ethik des Christentums außerhalb und oberhalb der Sphäre der politischen Mächte halten konnte. Die «weise, mächtige und allgegenwärtige Priesterschaft» der hochmittelalterlichen Kirche wurde ja, in der Tat, von den Fürsten nicht weniger akzeptiert als vom einfachen, analphabetischen Volk.

«Ungeheuer war also der elementare Fortschritt, als der Katholizismus jedem Mitglied die strenge Pflicht auferlegte, religiöse Belehrung zu empfangen und sich soviel wie möglich von ihr anzueignen; eine Belehrung, die den einzelnen schon bei seinen ersten Schritten umfaßte, ihn während des ganzen Lebens begleitete, um ihn stets mittels eines bewundernswerten Systems von Ermahnungen, Übungen und Sinnbildern zur Befolgung der aufgestellten strengen Grundsätze anzuhalten.»

Die «hohe organische Funktion», die einst die mittelalterliche dogmatische Theologie versehen hatte, soll nun, mit und durch Auguste Comte, der «positiven Wissenschaft», der «sozialen Physik» zufallen. Wenn man so will, kann man Comte den Erfinder der Sozialwissenschaften nennen.

Es geht Comte um die Heranbildung eines Priestertums von Gelehrten; denn es gehört zu seinen Überzeugungen, daß «keine Gesellschaft sich ohne irgendeine Art von Priestertum erhalten und entwickeln kann». Die neue «moralische Gewalt», die Comte schaffen will, soll «den Lebenswandel jedes einzelnen

---

[4] R. Hernegger, Macht ohne Auftrag, Olten und Freiburg 1963.

der Kontrolle eines unbeugsamen Priestertums unterwerfen». Als Erbe des Katholizismus «systematisiert und entwickelt der Positivismus dessen rein empirischen Grundsatz von dem Zusammenhang zwischen den Irrtümern des Geistes und den Lastern des Herzens».

Comte verstand sich als den Stifter einer neuen «positiven Religion», die fortan «die horizontalen Querverbindungen» zwischen Menschen, Gruppen und allen Wissensgebieten herstellen sollte. Das historische Christentum, wie Comte es verstanden und beschrieben hat, hielt er für unsozial und seine Anhänger für extrem egoistisch, sogar egozentrisch; denn sie seien allein um das Heil ihrer Seele besorgt. Mit diesem Aberglauben sei es nach der Französischen Revolution zu Ende. Dennoch müsse der verheerenden Anarchie Einhalt geboten werden. Dazu ging Comte so weit, Angehörigen der Gesellschaft Jesu in Paris und Rom Angebote für die Begründung einer «Heiligen Allianz» zugunsten «der ganzen Menschheit» zu machen; und er war aufs tiefste verwundert, daß die von ihm brieflich und durch Abgesandte persönlich angesprochenen Jesuiten auf seine Pläne nicht eingingen. Er dachte, in den Jesuiten «echte Ignatianer» zu erblicken; damit meinte er Christen, denen Ignatius von Loyola sehr viel mehr galt als Jesus Christus.

Der historische Jesus faszinierte ihn nicht, zumal er seine Gestalt nicht recht wahrnehmen konnte. Darum hielt Comte es mit *Paulus*. Er findet Paulus «so unvergleichlich und bewunderungswürdig» wie nur noch Cäsar und Karl den Großen. In Paulus erkannte Comte «den wahren Begründer des Katholizismus», als die «Quelle des römisch-katholischen Systems». Eine große Zahl heutiger Exegeten und Ekklesiologen wird Comte hierin zustimmen. Das katholische System funktionierte tatsächlich wie ein Kosmos; seine einzelnen Teile griffen lückenlos ineinander, so daß kein Spielraum blieb für spontane, für unübliche Lebens- und Verhaltensweisen, die auf humane und soziale Gerechtigkeit gerichtet gewesen wären.

Im beginnenden 14. Jahrhundert «geriet das ganze große Gebäude schon ins Wanken», schreibt Comte. Er sah richtig. Zahlreiche Reformversuche scheiterten. Die Päpste mußten Rom wegen der blutigen Kämpfe der untereinander verfeindeten Adelsgeschlechter verlassen. Sie residierten fortan in Avignon. Schließlich brach – 1378 – eine Spaltung aus, ein Papst residierte in Rom, ein anderer in Avignon. Zeitweise gab es sogar drei Päpste zugleich. Die allgemeine Not hierüber war groß. Das Papsttum verlor im unreflexen Denken der Römer vollständig an Autorität. Aber ohne Papst konnten sie sich ihre Stadt auch nicht vorstellen. Wenig später setzte, so noch einmal in Comtes Betrachtungsweise, «bereits die gewaltige abendländische Revolution ein – die Reformation –, unter die der Positivismus heute (1840/48) den Schlußstrich zieht».

Die Verfälschung der Botschaft Jesu

Heutige Ekklesiologie weiß, daß in päpstlichen Dokumenten von der zweiten Hälfte des 11. Jahrhunderts an die Bezeichnung *curia romana* auftauchte. Diese päpstliche Behörde verstand sich als Nachfolgerin des einstigen römischen Senats. Im engeren Sinne meinte «Kurie» die päpstliche Hofhaltung. Doch bald wurde die Bezeichnung für den Verwaltungsapparat der Kirchenspitze üblich. Ohne ihn wäre die päpstliche Weltherrschaft, wie der dritte Innozenz sie beansprucht und beinahe auch ausgeübt hat, nicht möglich gewesen.
Trotz des frühen Einbruchs römischen Rechtsdenkens in die Verwaltung und ins Kirchenrecht blieb doch die Bibel noch in voller Geltung, ebenso die Schriften der Kirchenväter. Schlüsselbegriffe des Evangeliums wie Brüderlichkeit, Gerechtigkeit, Barmherzigkeit spielten im theologischen Denken zwar eine Rolle; in der

kirchlichen Praxis verblaßten sie immer mehr. Die Botschaft Jesu vom Anbruch der Herrschaft Gottes über die Menschen – und also vom Ende der Menschenherrschaft – wurde gar nicht wahrgenommen; sie paßte auch nicht zu der feudalistisch-strukturierten Gesellschaft, die ohne Sklaven und Halbsklaven nicht existieren konnte. Junge Christen erwiesen sich als vorzügliche Soldaten, auf die stets Verlaß war. Allerdings fehlte es, zum Beispiel in der afrikanischen Kirche, auch nicht an überzeugten Kriegsdienstverweigerern: sie wurden über ihre Motive verhört, und ihre stereotype Antwort: «Ich bin Christ, und darum ist es mir verboten zu töten» machte keinen Eindruck; sie wurden hingerichtet.

Der Dekalog, die Zehn Gebote, offiziell natürlich hoch in Ehren gehalten, hatten keinen Einfluß auf das Denken und Leben der Herrschenden in Staat und Kirche. Christus wurde als Angst einflößender himmlischer Imperator interpretiert, als erdenferne Lichtgestalt, ohne Einfluß auf das Leben der Menschen; ausgenommen auf ihre «Erlösung» zu einem jenseitigen Leben in Freude und Frieden. Nach einer solchen Erlösung sehnten sich die gequälten Menschen im Römischen Weltreich. Diesem Verlangen mußten sich die Theologen, die Bischöfe beugen, und die Kaiser Konstantin und Theodosius halfen ihnen dabei; ihr Einfluß auf die ersten Konzilien, die die Glaubenssätze über Trinität, Jesus Christus, Heiligen Geist festlegten, kann nicht hoch genug veranschlagt werden! Die Bischöfe zeigten sich ohne kaiserliches Machtwort unfähig, zu gemeinsamen Beschlüssen zu kommen. Daran aber waren die Imperatoren sehr interessiert; ihnen ging es um die Wahrung der Einheit des Reiches, wozu sie einer neuen Religion bedurften.[5] Da kam ihnen das straff organisierte Christentum, das

---

[5] Hierzu F. Cumont, Die orientalischen Religionen im römischen Heidentum, Darmstadt 1969. Darin II.: Warum die orientalischen Religionen sich ausbreiten konnten, S. 38/39. Die Lektüre des ganzen Buches ist wichtig, um die Stellung des jungen Christentums im Kontext der einflußreichen orientalischen Religionen, Kulte, Riten, Vorstellungen usw. zu verstehen.

Gehorsamsverständnis der Christen, die Autorität der Bischöfe gerade recht. Es war eine rein politische Frage für die Kaiser, die allein an der Wahrung der Einheit des Reiches interessiert waren. Zudem hatte die christliche Kirche schon überall im weiten Imperium Stützpunkte: Bischöfe, Kleriker, Basiliken. Dieses System brauchte also nur weiter ausgebaut zu werden, um für den Staat eine sehr wirkungsvolle Stütze abzugeben.

In dem folgenden Text sind nur einige Sätze fortgelassen:

«Das Priestertum erhält einen neuen Charakter. Der Priester ist nun nicht mehr allein Hüter der heiligen Überlieferungen, Mittler zwischen den Menschen und Gott, sondern ein Seelsorger. Er macht seine Schäflein mit der langen Reihe von Verpflichtungen und Beschränkungen bekannt, welche ihre Schwachheit gegen die Anfechtungen böser Geister abschirmen soll. Er weiß Gewissensbisse und Zweifel zu beschwichtigen und dem Sünder den inneren Frieden wiederzugeben. Mit der heiligen Wissenschaft vertraut, besitzt er auch die Macht, den Menschen wieder mit Gott zu versöhnen. Oft wiederkehrende heilige Mahlzeiten erhalten die Gemeinschaften... Da der Klerus durch sein Amt vollständig in Anspruch genommen ist, lebt er ausschließlich für sein Gotteshaus. So bildete der Klerus eine isolierte Kaste, deren Mitglieder sich durch ihre Kleidung, ihre Tonsur, ihre Sitten von den gewöhnlichen Sterblichen unterschieden... Die Reinheit der Seele war durch liturgische Handlungen zu gewinnen; man gelangte zu ihr aber auch auf dem Wege der Entsagung und des Leidens...»

Wovon ist die Rede? Von Glaubensvorstellungen, vom Klerus der frühen Kirche? So könnte es scheinen. Der Text bezieht sich indessen auf Wesensmerkmale zahlreicher orientalischer Erlösungsreligionen im einstigen Imperium Romanum. In ihm heißt es noch weiter:

«Dieser heiße Glaube an ein Fortleben der Seele und

selbst des Leibes entsprach schon an und für sich einem tiefwurzelnden Verlangen der menschlichen Natur, dem Selbsterhaltungstrieb; aber die sozialen und sittlichen Verhältnisse der ausgehenden Kaiserzeit verliehen ihm eine Kraft, die er vorher niemals gehabt hat ...»[5a]

Für die einfachen Menschen im Römischen Reich unterschied sich die neue Religion, das Christentum, nicht von zahlreichen anderen aus dem Vorderen Orient stammenden Religionen mit ihren Vorstellungen von einem «Höchsten Gott» und einem «Gottessohn» in menschlicher Gestalt. In unserem Zusammenhang muß der Hinweis genügen, daß die Kaiser Konstantin und Theodosius allein Interesse hatten an *einem* «allmächtigen» Gott, dem sie ihre Herrschaft verdankten und der ihre Herrschaft stützte; an einem Gottessohn in erdenweiter Ferne, am Christus-Imperator; kurz: an einem Christentum, das nichts Außergewöhnliches anzubieten hatte. Daß sein Stifter Jesus gelitten hatte – das Skandalon des Kreuzes –, war für die Imperatoren ohne Belang; es störte sie, und sie beharrten darauf, daß das Kreuz in ein «Siegeszeichen für den Triumph Gottes über die Ungerechten» verstanden wurde. Die Leidens*un*fähigkeit des Christus-Imperator bildete «für Konstantins politische Religiosität und für seine Siegestheologie die Grundlage, auf der die imperiale Herrlichkeit des Kaisers ruhte» (Hernegger).

Frühzeitig bildete sich auch in den zentralsten Glaubensfragen das *römisch*-katholische System heraus, mit dessen Zusammenbruch wir es heute – hoffentlich – zu tun haben: damit die originäre, die unverfälschte Botschaft und Sache Jesu wieder aufleuchten kann.

Abzuweisen sind häufig zu hörende Einwände wie: diese Umformung des Christentums durch Konstantin und Theodosius, die auf den Synoden das letzte Wort zu sagen hatten, weil sie, als Kaiser, mehr zu

---

[5a] Cumont, a.a.O., S.38.

sagen hatten als die Bischöfe – diese Umformung, genauer: Verfälschung beweise doch nur «die Universalität» des Christentums. Nein, sie beweist nicht seine Universalität, sondern seine Angepaßtheit an die kursierenden religiösen, philosophischen und politischen Vorstellungen im Römischen Reich. Das Christentum *mußte* nach dem Willen der Kaiser eine neue Herrschaftsreligion werden und also eine entsprechende Herrschaftstheologie hervorbringen. Und den Bischöfen war es mehr oder weniger so recht, in der Regel *mehr*. Der römische Bischof führte bald den Titel *Pontifex Maximus*, den bis zum ausgehenden 4. Jahrhundert die heidnischen Kaiser geführt hatten. Zu dieser Zeit gab es auch schon den ersten «Gegenpapst» wegen Glaubensauseinandersetzungen, die stets durch das Machtwort des Cäsars beigelegt wurden. (Insgesamt werden 36 «Gegenpäpste» gezählt.) Wie über die sich herausbildende Systemkirche und manche ihrer Repräsentanten gedacht wurde, erfahren wir aus einem Dokument von Johannes Chrysostomus (gestorben 407):

«Ein Übel ist also das Fehlen eines Vorstehers, ein nicht geringeres aber der Ungehorsam der Untergebenen... Vielleicht sagt jemand, es gebe noch ein drittes Übel: wenn der Vorsteher schlecht ist. Auch ich weiß, daß dies kein geringes Übel ist, sondern schlimmer, als wenn gar kein Vorsteher da wäre. Denn es ist besser, von keinem geführt zu werden als von einem, der schlecht ist... Wie sagt nun aber Paulus? ‹Gehorcht euren Vorstehern und seid ihnen gehorsam!› (Hebr 13,17) Wie ist das zu verstehen? Sollen wir ihm Gehorsam leisten, wenn er *böse* ist? In welchem Sinne aber nennst du ihn böse? Heißest du ihn so des *Glaubens* wegen, so fliehe und weiche zurück...; nennst du ihn aber seines *Lebenswandels* wegen schlecht, so kümmere dich nicht um fremde Angelegenheiten! Diese Vorschrift findet sich in der Bibel. Bei Matthäus sagt Jesus: ‹Auf dem Stuhl des Moses sitzen die Schriftgelehrten und die Pharisäer: alles, was sie euch *sagen*, das tut und beobachtet;

aber nach ihren Werken richtet euch nicht.› Sie haben also die Würde; aber ihr Lebenswandel ist lasterhaft. Doch nicht auf ihren Lebenswandel gebet acht, sondern auf ihre Worte; denn ihrer Sitten wegen wird wohl niemand Schaden leiden. Warum? Weil diese allen bekannt sind (?) und keiner, wenn er auch noch so lasterhaft wäre, jemals das Böse lehren wird.»
Eine erstaunliche Pädagogik und Psychologie, allein aus dem noch unentwickelten, unreflexen Bewußtsein zu erklären. «Denn ihrer Sitten wegen wird wohl niemand Schaden leiden»? Die Kirchengeschichte, die Geschichte der Päpste, des Kirchenstaats, die Geschichte der Entdeckung, Auffindung, Eroberung, Durchdringung, Kolonisierung und Ausbeutung des Erdkreises durch europäische, christliche Seefahrer, Eroberer, Siedler, Soldaten, Mönche von der zweiten Hälfte des 15. Jahrhunderts an zeigt und beweist das ganze Gegenteil!

Rechter Glaube – unrechtes Leben

Aber, wie schon gesagt, es ging allein um den «rechten Glauben», kaum um ein ebenso rechtes, dem Evangelium gemäßes *Leben*. Es ging um Orthodoxie, nicht um das, was mancher Theologe heute Orthopraxis nennt. Theorie und Praxis, Glaube und Leben durften «getrost» weit auseinanderklaffen. Die Theologie von der Erbsünde fand für diese Kluft genügend Entschuldigungen. Und mit der Pädagogik und der Psychologie war es damals noch schlecht bestellt. Die Gläubigen, einst alle «Heilige» geheißen, brauchten dies nicht mehr zu sein; sie hätten es wohl sein und werden können bei entsprechend *vorbildhaftem Leben an der Spitze*.
Für uns Heutige stellt es ein staunenswertes Phänomen dar, daß die Zahl solcher Christen zu allen Zeiten klein gewesen ist, die erfolgreich den Versuch

machten, gemäß den Geboten, den Anweisungen, den Praktiken Jesu Christi zu leben, das Ärgernis eines unchristlichen Lebens aus der Welt, aus ihrer nächsten Umwelt zu schaffen. Gewiß war das simple wahre Wort von den schlimmen Beispielen oben, die stets gute Sitten an der Basis verderben, noch unbekannt. Aber – gab es denn nicht das Neue Testament? Wurden die Synoptiker nicht gelesen und die Apostelgeschichte – und daraus keine lebendigen Lehren gezogen? War die Bibel schon in Vergessenheit geraten? Weithin!

Die Kirchenväter hatten sich mit den Mysterienreligionen im Römischen Weltreich und mit ihren ritualisierten magischen Kulten auseinanderzusetzen sowie mit griechischer Philosophie und römischem Rechtsdenken. Die frohe Botschaft von der Befreiung und Freiheit der Menschen zu sich selbst, die Jesus in die Welt gebracht hatte, wurde frühzeitig schon umgeformt; denn sie paßte den Herrschenden in Staat und Kirche nicht in ihr Konzept von fragloser Machtausübung. Wie anders ist sonst zu erklären, daß die römische Systemkirche in ihren herausragenden Repräsentanten nur vereinzelt auf den naheliegenden Gedanken gekommen war, Glaube und Leben auch nur in eine annähernde Übereinstimmung zu bringen? Ist nicht zu erklären, warum zu allen Zeiten nur wenige, die wir «Heilige» nennen, dieses zentralste Problem des historischen Christentums gesehen und die Verhältnisse in ihrer Umwelt im Sinne Jesu und seiner Botschaft verwandelt haben. Jesus hatte doch gelehrt, die Menschen sollten frohe, freie Kinder des liebenden Vaters werden.

Das große Verdienst des Heiligen war: *sie nahmen Anstoß!* Sie versuchten etwas vom Geist der Botschaft Jesu, von seinem Leben und Umgang mit Freunden und Jüngern, von dem anspruchslosen harten Leben der Apostel, der frühesten Christengemeinden ansichtig zu machen; dem unwissenden Volk, nur ganz oberflächlich christianisiert und voll abergläubischer Vorstellungen, eine Vorstellung zu

vermitteln von den Möglichkeiten und Chancen glaubwürdigen christlichen, humanen Lebens.
Das war nicht selbstverständlich!
In der faszinierenden Geschichte der Heiligen, die in schroffem – positivem – Gegensatz steht zur rein machtpolitischen Historie der römischen Systemkirche, *leuchtet etwas auf von der Geschichte des Heils; von der Geschichte der Heiligung der Welt durch humanes, liebendes soziales (caritatives) Heilen der gequälten Menschen.*

Die Verderber des Erdkreises

Dieser äußerlich nur schmale Aspekt in der Kirchen- und Papstgeschichte wird kaum angeleuchtet. Immer wieder wird er schwarz überschattet von dem breiten Aspekt einer überaus blutigen, gewalttätigen Papst- und Kirchengeschichte; der nicht endenwollenden italienischen Kriege um den Kirchenstaat; der mörderischen Kreuzzüge unter dem blasphemischen Schlachtruf: «Dieu le veut» – «Gott will es» – mit Massakern an Juden und Mohammedanern; der Ausrottungsfeldzüge gegen Ketzerbewegungen; der späteren Religionskriege.
Vor dieser Historie Europas und außerhalb der europäischen Grenzen, auch dort von Christen verunstaltet, voll von Untaten, Greuel, Mordzügen, Raubzügen gegen ganze Völker und ihre reichen Kulturen, voll von Leiden, Tränen, Not und Blut Millionen Unschuldiger überall, wohin Christen einst ihren Fuß gesetzt, ihre Feuerwaffen in Gang gebracht haben – vor dieser europäisch-«christlichen» Menschenfresserei durch die Jahrhunderte (und bis in unser saeculum hinein!) entsetzt sich ein jeder, der die Kirchen-, die Papstgeschichte, die Historie der Eroberungen studiert, um zu erkennen, warum das Christentum die Menschen nicht humanisiert hat.

Dieser praktizierte – nicht also reflektierte – *Nihilismus* inmitten der Systemkirche gewann spätestens mit dem Pontifikat Gregors VII. die Oberhand, als Gregor eine bewaffnete Macht, ein Heer von eilig zusammengesuchten Söldnern aufstellte, um die Räuberbanden im Kirchenstaat zu vernichten. Warum es zu Räuberbanden gekommen war, wurde nicht gefragt. Die Antwort auf diese Unterschiebung des weltlichen für das geistliche Schwert (Toynbee) mußte die Stadt Rom im Jahr 1085, Todesjahr Gregors, erleiden: als sie von den Normannen gebrandschatzt und geplündert wurde, die der Papst selbst zu seinem Schutz gegen den deutschen König (Heinrich IV.) und dessen Gegenpapst herbeigerufen hatte.[6]

Von diesem Zeitpunkt an war auch das Papsttum militaristisch und *bediente sich jener physischen Gewalt*, die fortan den Weg des Papsttums bis 1870 – Verlust des Kirchenstaats – begleitete. Höhepunkt im Mittelalter: die Gewalttätigkeiten von 1227 bis 1268 – der tödliche Machtkampf der Päpste gegen die Hohenstaufenherrscher. In jenem Jahr 1268 wurde der letzte staufische Thronfolger, der vierzehnjährige Konradin, mit Zustimmung des Papstes (Klemens IV.) hingerichtet.

Die Gewalttätigkeit nahm also (eine Binsenwahrheit) an der Spitze auch der Kirche ihren Anfang, und wenn Papst Paul VI. «die Verderbtheit des heutigen Menschen» beklagt, wie kürzlich in einer Ansprache geschehen, sollte er sich der Historie seiner Vorgänger und des Kirchenstaats erinnern, um die Ursprünge dieser «Verderbtheit» bloßzulegen. Das gilt natürlich nicht nur für Italien. Dieses Gesetz gilt überall und allgemein.

Bis an das Ende der Geschichtszeit hält das kollektive Bewußtsein der Völker fest, was einst in der abendländischen Christenheit geschehen ist; was die Abgesandten der Päpste, der Kurie, der christlichen

---

[6] Arnold J. Toynbee, Der Gang der Weltgeschichte. I. Bd.: Aufstieg und Verfall der Kulturen 2, S. 462f.

Herrscher – Seefahrer, Konquistadoren, Soldaten, Juristen, Siedler, Scharen entlassener Strafgefangener aus portugiesischen und spanischen Gefängnissen – im furchtbar mißbrauchten Namen Gottes, Christi, der Kirche im *orbis terrarum* verschuldet haben.

Christen waren es, die den Erdkreis ins grelle Licht der Historie gehoben haben, den Erdkreis für Europa, zu seinem Nutzen, zu seinem wirtschaftlichen Wohlstand entdeckt, erobert, verheert, zerstört haben. Darum auch schlägt mit absoluter Notwendigkeit alles auf Europa zurück, was heute irgendwo in der Welt (der Dritten Welt) geschieht! Wer einst Gewalt gesät hat, wird – oft sehr späte – Gegengewalt ernten. Diese Rückkoppelungskreise in der Historie lassen sich vielfältig aufdecken.

Ein Blick in die Historie Chinas, Rußlands, Lateinamerikas, Afrikas, der Philippinen, Italiens, Spaniens – Europas – genügt, um zu erkennen, daß die Verursacher für die Verhältnisse, die wir heute beklagen, allemal Christen gewesen sind, Menschen aus dem einstigen «christlichen Abendland». Man sehe sich nur kurz die Historie Chinas im 19. Jahrhundert an, um zu begreifen, warum Mao Tse-tung hundert Jahre später die Revolution gewonnen hat.

Wir haben uns mit dem Gedanken abzufinden, daß es eine authentische christliche Zeit niemals gegeben hat. Es gab kein christliches Mittelalter – es gab eine gewaltige, großartige pseudochristliche Ideologie. Es gibt keine christliche Gegenwart: in Spanien am wenigsten. Vielleicht gehen wir einer radikal umgeformten, *verwandelten christlichen Zukunft* entgegen?

Schon früh in der Geschichte der Kirche wurde die von Jesus in die Welt gebrachte Befreiungsbotschaft in eine *Drohbotschaft* pervertiert und als diese verkündet. Dafür sorgten Kirchenstrafen und ein entstelltes Gottesbild, das mit dem von Jesus verkündeten gütigen und liebenden Vater wenig gemein hatte. Mit dieser Drohbotschaft wurde die Welt erobert.

Die Geschichte des Heils

Die Kirchen- und Papstgeschichte denkt nicht heilsgeschichtlich wie das Evangelium. Sicher ist es höchste Zeit, daß der schroffe Gegensatz von je und je unrecht, gewalttätig verwalteter Macht *und* Heiligkeit vor dem Anspruch der Sache Jesu Christi bedacht wird. Dabei wäre zu fragen, ob es sich tatsächlich um einen bloßen Widerspruch handelt; oder nicht vielmehr um ein logisches Gegeneinander? Um eine Antinomie, wie sie auch der Geschichtstheologie des Neuen Testaments eigen ist? So viel darf wohl gesagt werden: die Kirchen- und die Papstgeschichte – dazu die Historie des Kirchenstaats – zeigen sich dem unverstellten Blick als *Unheilsgeschichte*. Allein die Lebens- und Wirkungsgeschichte der *Heiligen* offenbart etwas von der *Geschichte des Heils*, von der Leuchtkraft des Geistes, des Erbes Jesu in der Welt.

Zu dieser schwerwiegenden Problematik schreibt Karl Rahner: «So, wie es eine echte Dogmenentwicklung gibt, gibt es auch eine Heiligkeitsgeschichte, das heißt: die je einmalige Geschichte der Aneignung der Gnade Gottes. Was christliche Heiligkeit ist, erscheint am Leben Jesu und seiner Heiligen. Wenn die Kirche kanonisiert, so sagt sie: das, was da *gelebt* worden ist, ist echtes Christentum, obwohl – nein: weil es nicht selbstverständlich ist, wie so ein Heiliger gelebt hat: sehr ‹unkirchlich› in der Wüste; als rational-kühler Gelehrter; in spießigen Verhältnissen; als normaler Mitteleuropäer; als ziemlich egozentrisch, fast ‹asozial› lebender Bettler – und in tausend anderen Weisen, die man immer erst hinterdrein *als* christliche Lebensmöglichkeiten erkennt.»[7] In Wirklichkeit aber lebte der Heilige stets ein «gefährliches Abenteuer». Man braucht nur auf die *Konflikte* zu blicken, in die so viele Heilige mit der kirchlichen Obrigkeit geraten

---

[7] In: Peter Manns: Die Heiligen in ihrer Zeit. I. Bd.: Vom Geheimnis der Heiligkeit, der Heiligen und ihrer Verehrung, S. 9f.

sind... Nur, so sagt Rahner, wer das Christentum auf das Niveau eines «anständigen Bürgers» senkt (wie wir heute und nicht erst seit heute), der kann denken, er brauche nicht das geglückte und von der Amtskirche oft erst sehr spät *als* geglückt, als christlich erkannte Wagnis der heiligen Vorbilder.

Lassen wir diesen Text so uninterpretiert stehen, und halten wir ihn als Hintergrund der weiteren Überlegungen fest. Die Beschäftigung mit der Hagiographie, mit einzelnen Heiligengestalten zeigt, daß wir es zumeist mit freimütigen Neinsagern, mit Nonkonformisten, Unangepaßten zu tun haben, die der Systemkirche ihren *Pro-test* entgegenhielten, verbal oder durch ihre aus dem Rahmen des Üblichen fallende Lebensweise: immer *leidend* für das unverfälschte Evangelium zugunsten der Armen, der Unterdrückten, der Mühseligen und Beladenen. Das Evangelium inspirierte diese Frauen und Männer zu heroischen humanen und spirituellen Leistungen.

Die beginnende Verrechtlichung

Auch der französische Ekklesiologe *Y. Congar* ist der Auffassung, daß die Zeit zwischen 1050 und 1085, als die Päpste Leo IX. und Gregor VII. regierten, entscheidend gewesen ist und voller Umbrüche. Es war die Zeit der Gregorianischen Reform, infolge der um das Jahr 1000 erwarteten und – ausgebliebenen Parusie (worauf freilich nicht eigens reflektiert wurde). Diese Kirchenreform beabsichtigte nicht nur eine Läuterung der Kirche «an Haupt und Gliedern»; nein, viel mehr: «sie wollte diese Kirche der Macht der Laien entreißen».[8]

Unter den Laien haben wir uns die Könige und Fürsten vorzustellen; denn Laien in unserem aufgeklärten

---

[8] Vgl. Yves Congar, Für eine dienende und arme Kirche, Mainz 1965.

Verständnis gab es ja noch nicht. Das Niedervolk, *misera plebs* – dieses Erbarmen fordernde Volk, für die Herren der Kirche und der Welt sich schindend; ständig in Angst und Furcht lebend vor Übergriffen, Untaten; die Mädchen und Frauen noch mehr als die Männer, denn sie galten als Freiwild und mußten jedem Herrn beiliebig zu Diensten sein –, *dieses Volk zählte in keiner Weise.* Es war unwissend und also sprachlos, und niemand lieh ihm seine Sprache. *Gemeinde* gab es allein innerhalb der Klöster und auch nur für die Mönche; nicht für die Fronarbeiter in des Klosters oder Bischofs Dienst. Barmherzigkeit ereignete sich individuell durchaus; sie galt theoretisch als eine hohe Tugend, ebenso wie Almosengabe. Dadurch änderten sich die Lebensbedingungen des «Niedervolks» in keiner Weise; sie galten als «gottgewollt» und unveränderbar.

Der Papst beanspruchte nun für die Kirche ein eigenes, souveränes Recht einer «geistlichen Gesellschaft»; er trennte sie durch Dekrete von der Welt, die damit freigesetzt, säkularisiert wurde. Der frühere Einheitsbegriff «ecclesia universalis» wurde durch den Begriff «Christenheit» ersetzt. Von «corpus mysticum Christi» war die Rede nicht mehr. Offiziell waren Kirche und Welt nun geschieden, zwei getrennte Bereiche geworden; in der Praxis aber deckten sie sich unverändert. Allein für den Papst galt nun das Wort im 1. Korintherbrief: «Der geistbegabte Mensch beurteilt zwar alles, er selbst aber wird von keinem beurteilt.» Mindestens theoretisch-theologisch galt dieses Wort in der frühen Kirche für *jeden* Getauften!

Gregor VII. ließ auch eine große Zahl *juristischer* Texte zusammentragen, um seine Ansprüche über Könige und ihre Reiche zu stützen. Er richtete eine Form der Theokratie auf und war der Überzeugung: *so* allein sei die Kirche frei. Sie hatte auch gegenüber den früheren Rechten der Könige und Fürsten geistliche Freiheit gewonnen; mit ihr aber eine unerhörte Machtfülle, die die Botschaft Jesu noch einmal wieder verfälschte und also verfälscht verkündigen ließ.

Wichtigste Kategorien der Bibel wie Gerechtigkeit, Brüderlichkeit, Güte, Liebe wurden durch abstrakte juristische Begriffe aus dem römischen Rechtsdenken ersetzt. Die Gläubigen, auch der niedere, arme Klerus, wurden systematisch zu *Objekten degradiert*, dabei der Klerus den Gläubigen schroff gegenübergestellt – wie einst in den vorchristlichen Herrschaftsreligionen auch. *Diese Objektivierung des Menschen* durch die römische Systemkirche, ihre menschenferne spekulative Theologie, ihre Unfähigkeit des tätigen Mitleidens, des Friedenstiftens muß als die schwerwiegendste Schuld der Systemkirche erkannt werden. Jesus Christus war in die Welt gekommen, um die Menschen aus Zwängen, aus erniedrigenden Abhängigkeitsverhältnissen, kurz: aus ihrer Objektivierung durch kleine Gruppen Herrschender und Gewalttätiger zu befreien. Er wollte die Menschen *zum Subjekt* ihres eigenen erwachenden Bewußtseins und der Geschichte machen!

Leben der misera plebs – und des Adels

Praktisch, das müssen wir uns vor Augen halten, lebten die Menschen, die Bauern, Hintersassen, Taglöhner immer gleich Halbsklaven und teilweise wie Sklaven. Das Leben war ihnen tatsächlich ein Jammertal, und die Vertröstung auf ein «Jenseits» in Freude und Frieden hatte ihren guten und triftigen Grund: die Herrschenden benutzten sie als Rechtfertigungsideologie für ihre Brutalitäten. Die Religion wurde dem leidenden «Niedervolk» als das Opium verschrieben, dessen es bedurfte: das hat Karl Marx richtig gesehen. Schuld daran trug die herrscherliche Systemkirche, der es ausschließlich um Macht ging; nicht um Menschen, insofern diese Menschen humane und soziale Bedürfnisse hatten, Gerechtigkeit forderten und gelegentlich auch in heftigen Aufständen zu artikulieren suchten. Freiheit wurde nicht verkündigt, im Gottesdienst nicht angeboten; nicht für das «Niedervolk», misera plebs. Die Herren nahmen sich natürlich jede Freiheit.[9]

Eine *Theologie christlicher Lebensführung* gemäß den Geboten, den Wünschen, Mahnungen, Verhaltensweisen Jesu Christi – eine Theologie brüderlich-freundschaftlicher Gemeinschaft, dem Begreifen der unwissenden, leidenden Menschen angemessen –, irgendeine Ausprägung pastoraler Theologie gab es nicht. Sie kam erst spät auf, im 19. Jahrhundert.

Das Volk blieb weithin sich selbst überlassen und flüchtete in einen heidnisch-magischen Reliquien- und Marienkult.

Demgegenüber zeigte die von der Mitte des 13. Jahrhunderts an einsetzende eucharistische Frömmigkeit einen großen Fortschritt an. Freilich wurde die ausgestellte Hostie schlicht für «Gott» gehalten, und die menschliche Gestalt Jesu geriet dabei nicht in den Blick. Der also verehrte «Himmelskönig» blieb erdenfern und drohend – ohne Einwirkung auf das tägliche *Leben* der adeligen Herrenschicht.

Die metaphysizierte Theologie war (und ist) nicht dazu angetan, das *Leben* im Sinne einer Nachfolge Jesu zu verwandeln, es zu humanisieren. Es ging ja immer allein ums große Fürwahrhalten von Glaubenssätzen, die auf das Leben keinen Einfluß hatten; das wurde auch nicht erwartet.

Adeliges Leben im Hochmittelalter meinte ausschließlich Herrscherdasein, Machtausübung und Gewaltanwendung, von der Systemkirche ausdrücklich legitimiert. Die hierarchisch-feudalistische Ordnung der Gesellschaft galt als «gottgewollt», sich gegen sie aufzulehnen als Sünde. An der Spitze der Kirche und auch der Gesellschaft fehlte es zumeist an wegweisenden Beispielen eines glaubwürdig-christlichen Lebens. Daher die ungeheure Faszination eines Mönchs, eines frommen, demütigen Priesters, eines

---

[9] Zum Mittelalter: Titel im Literaturverzeichnis.

barmherzigen und bescheiden lebenden Bischofs, der den Beherrschten gegen die Herrschenden beistand. Adel und hoher Klerus gaben den «Kleinen» fortgesetzt schwere Ärgernisse. Bei Matthäus indes lesen wir Jesu Mahnung: «Wer einem von diesen Kleinen (damit waren nicht Kinder gemeint) Ärgernis gibt, für den wäre es das beste, daß ihm ein Mühlstein an den Hals gehängt und er in die Tiefe des Meeres versenkt würde!»

Der Begriff «Pauper» – der Arme – hatte bis zum Ende des 11. Jahrhunderts einen spezifisch politisch-gesellschaftlichen und einen religiös-monastischen Sinn; es meinte den großen Kreis der Beherrschten, Bedrückten und Leidenden (K. Bosl). Aber dieser Gegensatz von Armut und Reichtum war im öffentlichen Bewußtsein nicht befestigt. Darauf legte die reiche Systemkirche auch keinen Wert. Die Roheit der schmalen Herrenschicht sank natürlich hinab an die Basis, ins «Niedervolk», und wurde dort ebenfalls virulent.

Zur mächtigsten theologisch-ideologischen Stütze des Systems wurde, neben der kanonistischen Wissenschaft, die spekulative Dogmatik und die Sakramentenlehre. Diese wie jene förderte wegen ihrer Verdinglichung und groben Rationalität einen faktischen Materialismus und Positivismus; weshalb die Kirche sich viel später gegen beide auch nicht verteidigen konnte: sie hatte sie selbst praktiziert, in die Welt gesetzt! Allein die schlimmen Auswirkungen der Sakramentenlehre, wonach die Sakramente aus sich selbst – ex opere operato – wirken sollten, unabhängig von der Person des Priesters, von seinem Lebenswandel, von seiner Heiligkeit oder – zumeist – groben Unheiligkeit. Es war ja die Zeit, da zumindest der hohe Klerus, Bischöfe, Prälaten keinesfalls auf erotische und sexuelle Liebe verzichten wollten; und in dem Maße, wie sie sich der offiziell so verschmähten «fleischlichen» Liebe hingaben, wurden die entsprechenden Verbotsvorschriften für das «Niedervolk» verschärft: was oben praktiziert wurde, galt unten als schwere und als Todsünde. Das gehörte zur Beherrschungstaktik der klerikalen Systemkirche. Vom Sakramente «verwaltenden» Priester wurde bis hin zur Französischen Revolution, *der* großen Zäsur, nicht einmal aufrichtiger kirchlicher Glaube erwartet. Wichtiger war, daß er Kirchengesetze und Kirchengebote kannte und dem unwissenden Volk zu vermitteln verstand. Diese Vermittlung war denkbar mangelhaft.

«Die ‹geistliche› Kirche», lesen wir bei A. Mirgeler, «war also (nur noch) da fixiert, wo rechtmäßig Sakramente gespendet wurden. Diese Wende bedeutete praktisch eine Entliturgisierung der Kirche ... Der Akzent verschob sich von der gemeinsamen heiligen Handlung von Priester *und* Volk auf den formgerechten Vollzug des Priesters.»[10]

Die Verrechtlichung der Kirche ist nach Congar «Zug einer der spirituellen Anthropologie ganz fremden Ekklesiologie. Das Wort ‹ecclesia› bezeichnet fortan das System, den Apparat — letztlich allein Klerus, Papst und römische Kurie.»

Die Systemkirche setzt sich absolut

Spätestens von der zweiten Hälfte des 12. Jahrhunderts an begann sich die römisch-katholische Systemkirche *absolut zu setzen*. Das bedeutet: sie löste sich gänzlich ab von ihrem Grundgesetz, der Heiligen Schrift. Eine Alibifunktion als «Glaubenshinterlage» — depositum fidei — wurde der Bibel weiterhin zugemessen. Das war bitter wenig und hat sich furchtbar gerächt — hinein bis in unsere Zeit.

«Kirche» bedeutete Priester- und Papstherrschaft, sie wurde von den Gläubigen strikt unterschieden. Noch

---

[10] A. Mirgeler, Rückblick auf das abendländische Christentum; darin besonders: Das mittelalterliche Christentum, S. 109 f., Mainz 1961.

in Dokumenten des Zweiten Vatikanischen Konzils begegnet «Kirche» als das Gegenüber von «Herde Jesu Christi». «Aber», fragt Congar, «ist sie denn nicht selbst die ‹Herde›?» Er stellt fest, daß es weder dem Gebrauch der Heiligen Schrift noch dem der Väter und der Liturgie entspreche, derart von «Kirche» zu sprechen. Congar merkt noch ein zentrales Problem an, und nicht er allein nimmt es wahr, wenn er schreibt: «Die Anwendung der Vorschriften des Evangeliums nicht allein auf die einzelnen Gläubigen, sondern auf die Kirche als solche: Knecht sein, nicht Herrscher; Beleidigungen verzeihen; seine Feinde segnen statt verfluchen – geht das alles allein die einzelnen Gläubigen an?»

Im Gegenteil. Es geht natürlich vorab die römische Systemkirche an! Mindestens und spätestens heute. Statt dessen erleben wir neuerlich ein von Grund aus falsches Wortverständnis. Als «die Kirche» begreift sich die Kongregation für die Glaubenslehre; sie steht uns, allen, gegenüber.

Das Neue Testament war in der Scholastik kaum noch Grundlage theologischen Nachdenkens. Das wurde vielmehr die Philosophie erst Platons, dann Aristoteles'. Was die Bibel anging, so hielt man sich an frühere Bibelkommentare, die es seit dem mittleren Mittelalter in großer Zahl gab. So die des Beda Venerabilis (gestorben 736), des Hrabanus Maurus (gestorben 806); der Schule von Chartres (im beginnenden 11. Jahrhundert). Diese Sammlungen mußte der Priester, der Mönch kennen – nicht die Bibel.

Das 11. Jahrhundert, hauptsächlich die zweite Hälfte, weist eine große Zahl bedeutender Theologen auf, die miteinander disputierten, einander bekämpften, viel publizierten, zueinander reisten, um sich zusammenzusetzen – eine beinahe chaotische und sehr fruchtbare Zeit für die sich wandelnde Theologie. Der symbolträchtige Augustinismus wurde langsam abgelöst; neue rationale und spekulative Denkformen kamen auf und wirkten auf das theologische Denken befruchtend. Das Denken wurde individueller; es löste sich in vieler Hinsicht aus den archaischen Vorstellungen des ersten Jahrtausends. Dann kam die Reform Gregors, die Reform auch des Mönchswesens, die Trennung der geistlichen von der weltlichen Macht (und umgekehrt): das System begann sich zu straffen, zu festigen, zu formieren.

Nachhaltig und über Jahrhunderte hinweg wirkten sodann die Schriften zweier Männer: das sogenannte *Decretum Gratians* in Bologna, ein rechtswissenschaftliches Werk, Hauptstück des späteren Grundbuchs des Kirchenrechts; es wurde gegen 1140 veröffentlicht; und das umfangreiche Sentenzenbuch des *Petrus Lombardus*, eine – erste – Gesamtdarstellung kirchlicher Lehre von den frühesten Väterschriften an. Das Neue Testament kam ganz und gar aus dem Gebrauch. Nur hinter Klostermauern wurde es noch gelesen und bedacht.

Diese Theologie, die beginnende Scholastik, wurde rational und immer spekulativer; immer abstrakter und losgelöst sowohl von der Botschaft Jesu als auch von den Menschen, den unwissenden Gläubigen, für deren Glaubenswachstum sich niemand interessierte. Die Kluft zwischen dem, was oben gedacht und gelehrt wurde, und dem Glauben des Volkes war damals noch tiefer, als sie es heute ist.

Die Rebellion der Frommen

Unter der Überschrift «Armutsbewegung, Häresien und Inquisition» lesen wir bei dem Kirchenhistoriker August Franzen, in nur knapp verkürzten Sätzen: «Schon die Mönchsreformen des 10./11. Jahrhunderts hatten die Rückkehr zur apostolischen Armut der Urkirche gefordert: die *vita apostolica* nach dem Vorbild Jesu und seiner Apostel. Unter dem Eindruck der Kreuzzüge entwickelte sich das Verlangen nach ihr zu einer Volksbewegung; sie ergriff ganz Europa.

Mönche und Kleriker widmeten sich der Schriftlesung. Aber auch Laien in den hochkommenden Städten schlossen sich in Gruppen zusammen und ließen sich von den Mönchen aus dem Neuen Testament vorlesen und erklären.»[11]
Womit haben wir es zu tun?
Offenkundig mit einem dialektischen Vorgang; um den Prozeß von sich stetig mit Hilfe der spekulativen Dogmatik und der kanonistischen Wissenschaft festigenden römischen Systemkirche, die die Freiheit des Studiums immer stärker einzuschränken bestrebt war; und dem gleichzeitigen Aufbrechen unkontrollierter Armutsbewegungen, deren Führer sich durch den Aussendungsbefehl Jesu inspirieren ließen: «Danach bestimmte der Herr siebzig (andere) und sandte sie zu zweien vor sich her in alle Städte und Orte... Und er sprach zu ihnen: ‹Die Ernte ist groß, aber der Arbeiter sind wenige. Bittet daher den Herrn der Ernte, daß er Arbeiter sende! Gehet nun hin! Siehe, ich sende euch wie Lämmer mitten unter die Wölfe! Traget keinen Beutel, keine Tasche, keine Schuhe, und auf dem Wege grüßet niemand. Wo ihr aber in ein Haus eintretet, da sprechet zuerst: ‹Friede diesem Hause!› Und wenn dort ein Sohn des Friedens ist, wird euer Friedensgruß auf ihm ruhen; wenn aber nicht, wird er zu euch zurückkehren. In eben diesem Hause aber bleibet und esset und trinket...; denn der Arbeiter ist seines Lohnes wert. Und wo ihr in eine Stadt kommt und sie euch aufnehmen, da esset... und heilet die Kranken... und saget ihnen: Das Reich Gottes ist nahe herbeigekommen. Doch wo ihr in eine Stadt hineinkommt und sie euch nicht aufnehmen wollen, da tretet auf ihre Gassen hinaus und sagt: ‹Selbst den Staub, der sich aus eurer Stadt uns an die Füße geheftet hat, schütteln wir von uns ab und über euch.› Doch das sollt ihr wissen: Das Reich Gottes ist nahe herbeigekommen. Ich sage euch, Sodom wird es

---

[11] A. Franzen, Kleine Kirchengeschichte, Freiburg 1965; darin: Die Blüte der Kirche im Hochmittelalter, Armutsbewegungen usw., S. 199f.

an jenem Tage erträglicher ergehen als jener Stadt›» (Lk 10,1–12 [–16]).

Allein die Phantasie kann sich ausmalen, wie tief betroffen Christen sich fühlen mochten, die diesen Text hörten, sich erklären ließen! Wie erregt sie wurden, da sie doch endlich – zum erstenmal – eine Ahnung davon gewannen, was es mit diesem Appell Jesu an seine Jünger auf sich hatte; was da nun auch von ihnen, den also Betroffenen, erwartet und gefordert wurde; ihr Gewissen stand auf: *mit der Bibel in der Hand!* Das war ein von Grund auf erstmaliger Vorgang.

Erst zu Hunderten, bald zu Zehntausenden machten sich die also aufgerüttelten Menschen auf die Wege und versuchten den Anweisungen Jesu aufs genaueste zu folgen. Sie entledigten sich ihres Besitzes und zogen bettelnd und singend durch die Lande, über die Landstraßen, die Worte auf den Lippen: Friede diesem Hause; und: Das Reich Gottes ist nahe herbeigekommen. Fassungslos sahen hoher Klerus, sahen Bischöfe, Prälaten diesem Aufbruch aus dem «Niedervolk» zu. So entstanden die frühen Armutsbewegungen, in Südfrankreich, am Rhein, in Oberitalien; ihre Anführer waren davon überzeugt, daß sie, entsprechend dem Wort in der Apostelgeschichte, «Gott mehr gehorchen (mußten) als den Menschen» (5,29), als dem hohen Klerus, als den Bischöfen, die im allgemeinen üppig und keine *vita apostolica* lebten, sondern das Leben großer weltlicher Herren in Prunk und Pracht, Tanz und Spiel, mit Jagden, Falkenjagden; und nicht ohne weibliche Gesellschaft.

Dem Historiker Herbert Grundmann verdanken wir das Standardwerk über «Religiöse Bewegungen im Mittelalter», Untersuchungen über die historischen Zusammenhänge zwischen Ketzerei, den Bettelorden und der religiösen Frauenbewegung im 12. und 13. Jahrhundert.[12] Es war klar: diese religiösen Volks-

[12] H. Grundmann, Religiöse Bewegungen im Mittelalter, Darmstadt 1970.

bewegungen befanden sich im offenen Gegensatz zur römischen Systemkirche! Die mittelalterliche Feudalkirche war sehr reich, der hohe Klerus, auch Mönche, Äbte bestimmten das geistige Leben und die Bahnen, in denen es zu verlaufen hatte.

«Es bestand nun aber die Gefahr», schreibt Franzen, «daß das Suchen dieser Laien sich mit häretischen und antikirchlichen Gedanken verknüpfte.»

In der Tat: Hier haben wir eine der bedeutungsvollen *Gelenkstellen* in der Geschichte der römisch-katholischen Systemkirche; in diesen ganz unkontrolliert aufbrechenden religiösen Armutsbewegungen, die die Repräsentanten der Systemkirche das Fürchten lehrten.

Hierzu nun Grundmann:

«Alle religiösen Bewegungen des Mittelalters haben ihren Niederschlag gefunden in Orden oder in häretischen Sekten. Das Mittelalter selbst kennt den Begriff einer ‹religiösen Bewegung› nicht. Die Worte *religio* und *religiosa* sind ihm gleichbedeutend mit Mönchsorden und mönchischem Leben. Nach der im *Ordo-Gedanken* der mittelalterlichen Kirche begründeten Überzeugung läßt sich ein ‹religiöses Leben› allein in den festen Ordnungen des Mönchsstandes führen, die das Dasein und Verhalten des religiösen Menschen *durch Regel und Zucht* gegen jeden ‹Rückfall› und gegen jede Ausartung (Anarchie, mit Comte gesprochen!) sichern; sowie zugleich in die Gesamtordnung der Kirche einfügen sollen. Jede religiöse Haltung, die diese Ordnung nicht als verbindlich anerkennt – jede ‹religiöse Bewegung›, die nicht in die Formen des Ordenslebens eingeht, *scheidet sich dadurch von der Kirche* als ganzer und von der ‹wahren Religion›; sie wird zur Sekte, zur ‹Schein-Religion› (!); kurz: *zur Ketzerei*. Alle religiösen Bewegungen des Mittelalters sind daher vor die Entscheidung gestellt worden, sich in die kirchlichen Formen der *vita religiosa* einzufügen, das heißt zum Mönchsorden zu werden; oder aber sich aus den kirchlichen Ordnungen herauszulösen und sich dadurch von der Kirche überhaupt zu trennen; das heißt: zur Sekte, zur Ketzerei zu werden.»[13]

Vergegenwärtigen wir uns diesen wichtigen Gedanken: Zwischen dem Pontifikat Gregors VII. (1073 bis 1081) und dem des herrscherlichen Innozenz III. (1198–1216) brachen allenthalben, urplötzlich, am kraftvollsten in Südfrankreich, mehr oder weniger anarchische Armutsbewegungen auf: *mit der Bibel in der Hand.* Und zwar nicht nur, nicht einmal in erster Linie bei den etablierten Orden (Augustiner, Benediktiner, Zisterzienser), sondern in den hochkommenden Städten bei Kaufleuten, Händlern, ihren Frauen und Töchtern, die sich um die Bibel bemühten in dem Maße, wie sie lesen lernten.

Ein Bewußtseinsprozeß von ungeheurer Tragweite wurde so eingeleitet: der aufdämmernde – manifeste – *Widerspruch* zwischen Gelesenem, Verstandenem *und* der Gestalt der römischen Systemkirche am Ort; dem Luxusleben ihrer hochgestellten Repräsentanten, den Bischöfen und den sie umgebenden Klerikern, auch den Äbten in den reichen Klöstern.

Grundmann geht nun nicht (wie Marx) ideologiekritisch vor, sondern er beschreibt (und belegt) aufs genaueste die historischen Vorgänge und ihre Zusammenhänge.

Nach Grundmann haben sich beide Bewegungen, die hierarchische (durch Gregor VII.) wie die monastische Reform (ausgehend vom Kloster Cluny), nicht etwa «im Kampf gegen andere religiöse Ideen durchgesetzt, sondern im Kampf gegen die Ansprüche und Befugnisse *weltlicher* Mächte. Gregor selbst hat sich in diesem Kampf der Waffen bedient, die sich später gegen die hierarchische Kirche richteten.» Weltliche Waffen also, dem Evangelium fremd und eines Papstes unwürdig. Grundmann stellt weiter fest, daß «alle häretischen Erscheinungen *vor* dem Investiturstreit *nirgends* die Forderung der freiwilligen Armut oder der apostolischen Nachfolge, der apostolischen Pre-

---

[13] H. Grundmann, a.a.O., S.5f. (Einleitung).

digt erhoben» haben. Unter dem Investiturstreit verstehen wir den in der zweiten Hälfte des 11. Jahrhunderts heftig aufbrechenden Konflikt zwischen geistlicher und weltlicher Macht *und* der «Investitur», der Einkleidung von Bischöfen durch einen Fürsten, Kaiser oder König, also durch einen Laien.
Vor dem Investiturstreit, den wir zwischen 1075 und 1122 anzusetzen haben. Höhepunkte waren: die Absetzung Gregors VII. durch den Kaiser; die folgende Bannung Heinrichs IV. und dessen «Canossagang» – 1077; endgültige Beilegung im Sinne Gregors im Wormser Konkordat von 1122, auf dessen Bedeutung der Trennung von «weltlicher und geistlicher Macht» hier nicht eingegangen werden kann; *vor* diesem grundlegenden Streit zwischen Sacerdotium und Imperium, in dem die Fürsten unterlagen, der absolute, universale Herrschaftsanspruch der römischen Systemkirche sich herausgebildet hatte und schließlich von den europäischen Fürsten bestätigt worden war, haben keine der zahlreichen als häretisch erklärten Armutsbewegungen den Gedanken nach freiwilliger Armut und apostolischem Wirken gefaßt. Das heißt ja doch, sie kamen *noch* nicht auf den Gedanken, das Neue Testament zu befragen! Zu fragen, wie der «Christkönig» Jesus von Nazareth gelebt, gepredigt, gesprochen, gehandelt hat. Alle diese Fragen waren länger als tausend Jahre lang nicht aufgebrochen. Auch nicht bei den Ordensleuten (ausgenommen den frühesten Mönchen, die sich in die Wüsten flüchteten).
Dieser Verwandlungsprozeß ereignete sich erst im Zuge der Kreuzzüge, der Kenntnis der heiligen Stätten, über die zurückkehrende Ritter berichteten (erster Kreuzzug: 1099; zweiter: 1147–49; dritter: 1189–92.)
Erst an der Wende vom elften zum zwölften Jahrhundert «*traten beide Gedanken in verschiedenen Kreisen hervor und bestimmten von nun an die ‹religiösen Bewegungen›*» (Grundmann).
Der zuvor erwähnte «*Ordo*-Gedanke» zeigte sich in der feststehenden Liturgie, in ihren unverrückbaren

Regeln; im Mönchtum mit seinen festen Regeln; zentralster Punkt: der unbedingte, frag-lose Gehorsam des einzelnen gegenüber seinem Vorgesetzten, der als «von Gott eingesetzt» galt. Und so die hierarchische Leiter hinauf bis zum großartig und prächtig residierenden Fürstbischof im Verhältnis zu seinen Untergebenen.
Dem Ordo-Prinzip ist eine jede spontane, «anarchische» Bewegung zutiefst fremd und der Häresie verdächtig. (Daher ja noch heute das päpstliche Insistieren auf der «Gehorsamspflicht» der Kleriker, sogar der Bischöfe.)
Im Augenblick, wo – im Hochmittelalter – die Gehorsamspflicht verletzt, in Tat und Wahrheit durchbrochen, ignoriert wurde, wähnte die römische Systemkirche, die Kurie nichts anderes als Zerrüttung, Niedergang der Kirche als ganzer, sogar Untergang. Niemals kam es der Systemkirche in den Sinn, aus einem Ausbrechen aus der Ordo-Idee Neues, Zukunftweisendes, Fruchtbares herauszulesen. Im Augenblick, wo der Gehorsam verweigert wurde (noch heute: verweigert wird), *ist* im römisch-kirchlichen Systemdenken äußerste Gefahr im Verzuge; wird also, wie sich heute, 1972, deutlich zeigt, *das System gestrafft;* wird in ungezählten päpstlichen, mehr noch kurialen Dekreten hinter das Zweite Vatikanische Konzil bis hin zum Tridentinum (Zölibats-«Gesetze») zurückgegangen. Diese Überlegungen sollten festgehalten werden, um zweierlei zu verstehen: erstens den Kampf der mittelalterlichen Systemkirche gegen die anarchischen Armutsbewegungen; zweitens den Kampf der römischen Kirchenspitze heute um ihre Selbsterhaltung, um ihre Identität mit der einstigen mittelalterlichen Systemkirche.
Hinter alledem verbirgt sich nur wenig der Kampf zwischen einem Christsein gemäß den Geboten, Anweisungen und Verhaltensweisen Jesu; und einem Christentumverständnis als Ideologie gemäß römisch-kirchlicher Lehre, römischem Ordo-Verständnis. Diese Alternative arbeitet Grundmann immer neu heraus.

Grundmann macht klar, daß die katholische Literatur alle Ketzer- und Armutsbewegungen als «Manichäer» bezeichnet habe. Es sei in jedem Falle um den «Dualismus der Manichäer» gegangen: böse Erde, lichter Himmel; böser Leib, lichter Geist; radikale Trennung in Gut und Böse; Leibfeindlichkeit zugunsten eines extremen Supranaturalismus. Weil die katholische Literatur diesen manichäischen Dualismus «immer strikt abgelehnt» habe (wiewohl ebenso strikt praktiziert!), darum mußte sie, nach Grundmanns Einsicht, alle Ketzer-Armutsbewegungen radikal bekämpfen und schließlich mit Feuer und Schwert ausrotten.

Diese katholische Interpretation erweist Grundmann als *falsch* (und selbstverständlich bringt er hierfür auch Belege). Wir lesen bei ihm: «In Wirklichkeit stehen aber *vor* dem Ende des 12. Jahrhunderts keineswegs die spekulativen Probleme des Dualismus im Mittelpunkt der Auseinandersetzungen zwischen Ketzertum und Katholizismus, sondern durchaus *Fragen des religiösen Lebens selbst und der Kirche.*» Grundmann stellt fest: es ging um die Hauptfrage, «ob die wahre Kirche Christi bei denen ist, die die apostolische Sukzession und damit die ausschließliche und zureichende Befugnis zur Ordinierung aller kirchlichen Ämter für sich beanspruchen dürfen – oder bei denen, die so leben, wie die Apostel lebten und das Evangelium es verlangt».

Freilich erkennt Grundmann, daß *seit* dem Ende des 12. Jahrhunderts «die dualistische Spekulation in der Ketzerbewegung stärker hervortritt. Das hatte zur Folge, daß die religiöse Bewegung sich spaltete. Neben die Katharer, die dem manichäischen Dualismus anhingen und auch untereinander noch durch spekulative Streitigkeiten geschieden waren, traten neue Gruppen der religiösen Armutsbewegungen und der apostolischen Wanderprediger, die die Entwicklung zur dualistischen Weltanschauung nicht mitvollzogen, sie sogar scharf bekämpften, im übrigen aber die alten Gedanken der religiösen Armutsbewegungen weiterverfolgten und *deshalb* von der Kirche auch

weiter bekämpft wurden wie bisher: nicht um des manichäischen Dualismus willen, sondern wegen ihrer ‹apostolischen› Ansprüche. Bevor es aber zu dieser Scheidung um spekulativer Probleme willen kam, ging es in der gesamten religiösen Armutsbewegung *nicht* um dogmatisch-weltanschauliche, *sondern um Fragen des religiösen Lebens und der wahren Kirche.* Wenn man dies verkennt, wird der Zusammenhang ganz unverständlich. Durch eine Lebensführung nach dem Vorbild der Apostel, durch Verzicht auf alle Güter der Welt in freiwilliger Armut, durch die Predigt des Evangeliums in rastlosem Herumwandern *das christliche Leben zu erneuern und so die christliche Lehre zu befolgen* – zugleich aber eben dadurch die hierarchische Feudalkirche und den katholischen Klerus – solange er nicht wahrhaft christlich, evangelisch und apostolisch *lebte*, als einen unrechtmäßigen Anwärter auf die Nachfolge der Apostel zu *entlarven – das* ist der treibende Gedanke der Ketzer- und Armutsbewegungen des 12. Jahrhunderts.»
Die Systemkirche ergriff verschiedene Maßnahmen gegenüber der Armutsbewegung: «Wäre die Ketzerei des 12. Jahrhunderts eine ‹Sekte› mit einem ‹Stifter› und bestimmten dogmatischen Irrlehren gewesen wie alle Ketzereien früherer Zeiten, so hätte die Kirche sie bekämpfen können... Die Ketzerei aber des 12. Jahrhunderts war eine religiöse Bewegung; sie hatte keinen ‹Stifter›, und sie hatte infolgedessen auch keinen einheitlichen Namen; sie hatte noch keine feste Organisation, und vor allem fehlte ihr das eindeutige Merkmal früherer Ketzereien: ein bestimmter häretischer Lehrbegriff, der das Wesen der Ketzerei ausmacht. Statt dessen hatte sie einen sehr entschiedenen Begriff des religiösen *Lebens*, den sie durch die Evangelien bewährt glaubte: dadurch in erster Linie schied sie sich von der Kirche.» Von der römischen Systemkirche also, die durch diese Armutsbewegungen in Südfrankreich, Oberitalien und im Rheinland sehr ernst bedroht wurde. Die Frage nach der *Lebensweise* der ihren dem Evangelium gemäßen Glauben

bezeugenden Laiengruppen, in der Mehrzahl Städter, bezog sich darauf, ob sie unter einem Obern in Gemeinschaftshäusern (Klöstern) lebten oder nicht; ob sie «tonsuriert» waren oder nicht (also Kleriker waren oder nicht). 1179 hatte die römische Kurie alle jene Christen als «Ketzer» zurückgewiesen, «die *leben* wollten wie die Ketzer, aber *lehren* wie die offizielle Kirche; die also den orthodoxen Glauben mit einem dem Evangelium gemäßen Leben verbinden wollten» (Grundmann).

Machen wir uns klar: diese Möglichkeit gab es inmitten der Systemkirche, freilich nur aus der Sicht des Volkes, nicht aus der Sicht der Hierarchie. Orthodoxer Glaube war gefordert, kein glaubwürdiges Christendasein. Dieses erregte bei der Hierarchie stets Ärgernis und forderte ihr waches Mißtrauen heraus: die später als Heilige erkannten Frauen und Männer gerieten deswegen ständig mit der Systemkirche in Konflikt.

Prinzipiell galt für alle Anhänger der ungeordneten Armutsbewegung die Kennzeichnung «*religionis speciem simulantes*». Diese Christen wurden also für «Simulanten» gehalten, für Gläubige, die ihren Glauben nur vortäuschten.[14]

Im Europa des Hochmittelalters genügte es, in Einfachheit und Armut lebende Gruppen als unzurechnungsfähig, als «Simulanten» zu denunzieren, um zwischen ihnen und dem gebannt zuhörenden «Niedervolk», misera plebs, eine tiefe Kluft aufzureißen. Denn es kam manchmal zu Akten der Lynchjustiz von seiten des Volkes: Reaktion des etablierten Kirchensystems an der Basis! Das «Niedervolk» auf dem Lande wünschte sich – und wünscht sich weithin heute noch – mit den Repräsentanten des Systems zu identifizieren. Systemspitze und konservatives Kirchenvolk, vorab auf dem Lande, entsprachen stets einander. Reformerische Ideen hatten ihren Nährboden immer in den Städten, die im Hochmittelalter eben aufkamen und schnell an Bedeutung gewannen.

---

[14] H. Grundmann, a.a.O., S.13f. («Apostolisches Leben ...»)

Bald wurden beliebiges und zielloses Umherwandern, das unerlaubte Predigen und, begreiflicherweise, die Irrlehren gegen die Sakramente streng verboten, die Inquisition und Durchführung den Bischöfen übertragen. Dennoch breitete sich die Armutsbewegung noch weiter aus, und Innozenz III. gebot ihre Ausrottung mit Kreuz, Feuer und Schwert in den verheerenden Albigenserkriegen (1209–1230). Wer nicht umgebracht wurde, rettete sich in den oberitalienischen Untergrund. Dort überlebten hauptsächlich die Waldenser (bis heute).

In ihrem tiefen, offenkundig unausrottbaren Mißtrauen gegenüber dem unverfügbaren Wirken des Heiligen Geistes maßte sich das römisch-katholische System fortan die *Unterscheidung von «Unkraut und Weizen»* an. Damit übertrat es für Jahrhunderte eines der zentralsten Gebote Jesu, der sich gerade diese schwerwiegende Unterscheidung vorbehalten hatte. Beides, Unkraut und Weizen, sollten «zusammen wachsen bis zur Ernte. Ist die Erntezeit gekommen, werde *ich* den Schnittern sagen: Sammelt zuerst das Unkraut und bindet es... Den Weizen aber bringt in meine Scheune» (Mt 13,24–30).

Dieses Jesuswort war ebenso in Vergessenheit geraten wie jenes andere, das Jesus im Streitgespräch mit Pharisäern und Schriftgelehrten aus Jesaja zitiert hatte: «Dieses Volk ehrt mich mit den Lippen; aber ihr Herz ist fern von mir. Vergeblich ehren sie mich; was sie lehren, sind Menschensatzungen» (Mt 15,8 nach Jes 29,13).

Für uns will eine solche radikale Vergessenheit Gottes in Herz und Verstand von Christen – eine solche radikale Vergessenheit der Person, Gebote und Verhaltensweisen Jesu Christi nicht begreiflich werden. Der schon seit Jahrhunderten praktizierte Positivismus und metaphysisch überhöhte Materialismus, vorab in der Sakramentenspendung, war mit dieser Anmaßung der Unterscheidung von «Unkraut und Weizen» in puren *Nihilismus* umgeschlagen: in die zynische Negierung jener Kinder Gottes, die von ihrer

Freiheit, von ihrem *durch die Bibel gelenkten Gewissen* Gebrauch machen und erkennbares Zeugnis ablegen wollten: dafür mußten sie ihr Leben lassen. Psychologisch gesprochen hatte die Systemkirche ihr – unterdrücktes – *schlechtes Gewissen* auf die «Ketzer» projiziert: *sie* mußten für die Unterlassungssünden und die Untaten der römischen Systemkirche büßen und sie mit ihrem Blut bezahlen. Märtyrer der pervertierten Kirche Jesu Christi!

Gewissensfreiheit anzuerkennen, kam der Systemkirche nicht in den Sinn. Das «Niedervolk», unwissend, ungelehrt, schlecht belehrt, hatte kein Gewissen zu haben. Die Systemkirche hatte ihm das Gewissen abgenommen; sie verwaltete und manipulierte es nach Gutdünken. Die biblische und frühchristliche Auffassung von Umkehr und Buße im Vollzug von Mitleid, Erbarmen und Liebe hatte sich in eine Art Tarifbuße nach Art eines Strafgesetzbuches verkehrt: jedes Vergehen konnte leicht abgegolten werden. Darin bestand der Positivismus und – metaphysisch überhöhte – Materialismus vorab in der Beichtpraxis. Das System des *do ut des* – ich gebe, damit du (Gott) gibst – breitete sich aus. Die Privatbeichte hatte längst jeden verbindlichen sozialen Bezug verloren; der Heilsindividualismus blühte. Christliche Gemeinde außerhalb der Klöster gab es nicht.

In der Theologie des Thomas von Aquin gab es freilich durchaus Begriff und Definition von Gewissensfreiheit; in der kirchlichen Praxis änderte sich dadurch nichts. Noch heute hört man gelegentlich aus Rom warnende Worte vor dem Gebrauch der Gewissensfreiheit: die Katholiken sollten sie nicht übertreiben. Auch heute noch mißtraut das römisch-katholische System dem freien Wehen des Geistes Jesu – eines der sichersten Anzeichen für die Preisgabe der Parusiehoffnung. Diesen Tag Gottes, den «Tag Jahwes», muß die Systemkirche auch fürchten; muß sie jedenfalls sehr viel mehr fürchten als wir, die «Herde».

Es sieht so aus, als sei Karl Rahner einer der wenigen

Theologen der konservativen Richtung (wenn das zu sagen erlaubt ist), der erkennt, daß die historische Schuld der Systemkirche groß und eben Schuld der Amtskirche ist, nicht des «Volkes». Die Systemkirche ist es, die uns fortgesetzt schweres Ärgernis gab und gibt; nicht umgekehrt. Rahner erkennt, was zu erkennen nicht schwer ist, wenn er schreibt, «wie nämlich die Führer der Kirche nicht nur Sünder sein können..., und vor allem, wie sich diese Sündigkeit unvermeidlich, wenn auch in gestufter Weise, auf das Ganze ihrer Amtsführung auswirkt; und wie von da aus die Kirche beinahe notwendig auch in ihrer amtlichen Dimension in einem ganz spezifischen Sinne ‹sündig› ist.»[15] Allein auf dem Hintergrund der Papst- und Kirchengeschichte werden diese abstrakten Sätze konkret.

Ungesühnte Schuld an der Spitze einer hierarchisch gestuften Gesellschaft oder/und Institution sinkt stets hinunter an die Basis, ins geführte, verführte Volk, und wird dort ebenfalls virulent und schließlich geschichtsmächtig. Die Historie kennt diesen Vorgang: es sind die Rückkoppelungsprozesse, die in der Historie ebenso wirksam sind wie in der Natur. Anders gesagt: wir haben es in der Historie der Kirche, der Päpste, des gesamten Christentums mit falsch verwalteter Macht, mit ununterbrochenem Machtmißbrauch zu tun – *das* große Thema eines Reinhold Schneider.

Das häufig zu hörende Argument mit dem «schlimmen Zeitgeist» als dem Verursacher aller Übel ist keines. «*Was ihr den Geist der Zeiten heißt, ist stets der Herren eigner Geist*» – ein treffendes, wahres Wort Goethes. Der «Zeitgeist» entsteht nicht in einem menschenleeren Raum.

---

[15] Karl Rahner, Schriften zur Theologie. Bd. VI, Zürich, Einsiedeln, Köln ²1968; darin: Sündige Kirche nach den Dekreten des Zweiten Vatikanischen Konzils (besonders S. 338f). An anderer Stelle ist die Feststellung beachtenswert: «Dogma der Kirche und unmittelbares Wort der Schrift sind für das katholische Glaubensverständnis nicht einfach identisch, selbst dann nicht, wenn – wie wir durchaus einmal annehmen können (!) – dieses ganze Dogma der Kirche auf der Schrift beruht» (S. 128).

Unmöglich läßt sich leugnen, daß die Kirchenspitzen, sei es in Rom oder in Florenz, in Spanien, Guatemala oder in Portugal auch heute noch die Macht unrecht, unchristlich verwalten. «Die Kirche kann nur siegen in der Ohnmacht», so Reinhold Schneider, ein Gedanke, den sich die Systemkirche bis heute nicht zu eigen gemacht hat. Sie verkündigt die ohnmächtige Macht des Gekreuzigten, will selbst aber nicht gekreuzigt sein.

Das Beispiel «Isolotto»

Als aktuelles Beispiel für das Reagieren des römisch-katholischen Systems im Angesicht zeitgemäßer Verkündigung und Pastoral bieten sich die Vorgänge in der *Isolotto-Pfarrei* bei Florenz an, die spektakulären Vorgänge um *Don Enzo Mazzi* und seine Freunde, Priester wie Nicht-Priester.[16]
Im Isolotto wurde Ernst gemacht mit einem dem Evangelium gemäßen Gemeinde- und Gemeinschaftsleben und mit einer aus den Erfahrungen herausgewachsenen Theologie. Die Botschaft Jesu wurde als humane und soziale Befreiungsbotschaft verstanden und diskutiert. Eine dialogisch-christliche Gemeinschaft von Freunden Jesu voller Lebendigkeit und mit demokratischen Spielregeln war herangewachsen. Die pastorale Neuorientierung entzündete sich bemerkenswerterweise an der Sozialenzyklika «Populorum Progressio» – «Über die Entwicklung und den Fortschritt der Völker» – aus dem Frühjahr 1967.
An einer solchen Verkündigung und Pastoral nahmen zahlreiche Bürger Anstoß und schließlich auch Kardinal Florit in Florenz, der allein die «Verlesung» von Enzykliken über Glaubens- und Sittenfragen zulassen wollte. Armut und Selbstlosigkeit einzelner: gut und

---

[16] Siehe Literatur-Verzeichnis.

schön; aber nicht als Programm; nicht als tätige Pastoral und Verkündigung im sonntäglichen Gottesdienst! Denn die Armut wurde bekämpft – nicht als Tugend gepflegt. Dagegen mußte eingeschritten werden, so meinte der Kardinal, und er handelte entsprechend.
Ende Oktober 1968 wurde in der Kirche eine «Generalversammlung» abgehalten und ein Brief des Kardinals verlesen. Darin wurde Don Enzo gefragt, ob er sein Pfarramt niederlegen wolle, «weil Du es für sinnlos hältst, in einem so hart verurteilten ‹System› (!) noch mitzuarbeiten. Überlege es in Ruhe und laß mir eine wohlerwogene und klare Antwort zukommen». (Der Kardinal gebraucht die Du-Form gegenüber dem Priester – vielleicht ist das eine italienische Spezialität?) Dieser Brief wurde also verlesen, und sodann sprachen zahlreiche Angehörige der Gemeinde, Männer und Frauen, über ihr Verständnis glaubwürdigen Christseins heute inmitten der Systemkirche.
Sie sagten unter anderem: «Hier konnte die Kirche das sein, was das Konzil in ‹Gaudium et spes› sagt: ‹Die Freuden und Erwartungen, die Leiden und Ängste der heutigen Menschen, zumal der Armen und der Leidenden, sind auch die Freuden und Erwartungen, die Leiden und die Ängste der Nachfolger Christi... Diese Gemeinschaft ‹fühlt sich zutiefst solidarisch mit der Menschheit und ihrer Geschichte›.»
Und: «Wir glauben an die sichtbare Kirche und lehnen sie nicht ab. Aber weil wir ihr angehören, wollen wir dazu beitragen, daß man unverweilt ihre Strukturen zu erneuern beginnt, damit sie Jesus immer ähnlicher wird *und ihre Strukturen kein Hindernis sind für die Verkündigung des Evangeliums*» (S. 118/119).
Der Kardinal verweigerte den Dialog mit Don Enzo und seinen Vertrauten, darunter noch andere Priester. Er zitierte Don Enzo zu sich und sagte: «*Nach* deinem Rücktritt können wir den Dialog eröffnen.» Seine Haltung erklärte der Kardinal mit der aufschlußreichen Feststellung: «Ich muß meine Pflicht erfüllen als Verteidiger der katholischen Lehre und Disziplin. *Über*

mir steht der Codex... Wenn ich nicht Lehre und Disziplin verteidige, *fällt alles zusammen.*»[17]
Eine unversehens deutliche Aussage über das römisch-kirchliche System, seinen Sinn, seine Funktionsweise; eine unartikulierte Aussage zugleich über die «Anarchie», die Herrschaftslosigkeit des Evangeliums, die in den Augen der Florentiner Kurie längst im Isolotto ausgebrochen war und nun «gebändigt» werden mußte. Der Kardinal argumentierte also kirchenrechtlich-disziplinär; nicht spirituell-theologisch.

Es kam sodann, im Sommer 1971, lange nach der Amtsenthebung Don Enzo Mazzis und zweier weiterer Pfarrer im Isolotto, zum Prozeß. Hierzu der Bericht eines Augen- und Ohrenzeugen Ende Juni und Anfang Juli 1971:[18]

Die *Rädelsführertheorie* mußte herhalten, um im Prozeß Schuldige zu ermitteln. Die Systemkirche bediente sich also des weltlichen Arms der Gerechtigkeit, «um Prinzipien kirchlicher Hierarchie und kirchlichen Gehorsams» durchsetzen zu können.

Indessen – am dritten Prozeßtag verlor die Rädelsführertheorie schon ihre Glaubwürdigkeit. Tonbandaufnahmen bewiesen, daß Beschlüsse im Isolotto tatsächlich gemeinschaftlich gefaßt wurden, die Reden der Angeklagten keine strafbaren Handlungen enthielten. Zugleich kamen grobe Fälschungen an den Tag. Die Kurie in Florenz hatte den angeklagten Priestern Worte in den Mund gelegt, die sie nicht gesagt hatten.

Pater Vincenzo Barbieri war von seinem Orden ein halbes Jahr lang ins Irrenhaus gesteckt worden, weil er in einer Predigt erklärt hatte, der Vatikan sei Aktionär von Waffenfabriken, die Napalmbomben für den Vietnamkrieg herstellen. Der angeklagte Geistliche Renzo Fanfani war früher Berufsoffizier und Atheist.

---

[17] Experiment Isolotto, S.13.
[18] Zwei vom Kirchenfunk des Südwestfunks, Baden-Baden, im Juli 1971 gesendete Kommentare von Peter Kammerer, Rom (Belege im Archiv der Autorin).

Im Krieg geriet er ans Neue Testament und wurde nach dem Krieg Priester. Heute arbeitet er als Hilfsarbeiter in einer Florentiner Eisengießerei. Auf die Frage des Gerichtsvorsitzenden nach den Beweggründen seines Handelns antwortete er: «Jedesmal, wenn wir in der Gemeinschaft der Gläubigen Gegensätze und Probleme *mit den Maßen des Evangeliums* lösen wollen, verfallen wir dem Fluch der Gerichte.» Der Gerichtsvorsitzende wertete diesen Satz als eine Beleidigung; er nahm ihn erst zu Protokoll, als sich herausstellte, daß es sich bei diesem Satz um eine Stelle aus der Apostelgeschichte handelt.

Schließlich ging der Prozeß mit dem Freispruch für alle Angeklagten im Juli 1971 zu Ende. Es wurde als erwiesen angesehen, daß führende Christdemokraten sowie einige neofaschistische Stadträte die Florentiner Kurie aufgefordert hatten, mit dem «sowjetischen Spuk der Volksversammlungen im Isolotto» aufzuräumen.

Das Ärgernis hatte also darin bestanden, daß die Isolotto-Gemeinde versucht hatte, das Evangelium zu *leben*.

Don Enzo Mazzi sagte vor Gericht: «Der verhandlungswillige Monsignor Panerai wurde durch den harten Monsignor Alba ersetzt. Dieser kam mit einer Leibgarde von Neofaschisten, um die Messe zu lesen; die Polizei überflutete unser Stadtviertel; der höchste Richter von Florenz verdammte uns öffentlich, bevor auch nur ein Prozeß in Gang gekommen war.»

In seiner Zeugenaussage hatte Don Enzo Mazzi noch andere, peinliche Details ausgebreitet. Er erklärte wörtlich: «Nachdem ich den Brief des Heiligen Vaters erhalten hatte (am 20.12.1968; die Autorin), ging ich nach Rom, um den Heiligen Vater persönlich zu sprechen. Ich wurde aber nur von Monsignor Benelli empfangen, der mir sagte, er sei sehr besorgt: der mystische Leib der Kirche leide unter unserem Verhalten. Ich antwortete ihm: der mystische Leib der Kirche leide stärker unter dem großen Reichtum der

Kirche. Daraufhin zog Monsignor Benelli ein Scheckbuch und fragte, ob ich Geld für die Armen haben wollte? Ich antwortete ihm, daß er mich mit dieser kommerziellen Geste in große Verlegenheit bringe. Daraufhin nannte Monsignor Benelli eine lange Liste von ‹Häretikern› und fügte hinzu: ‹Euch wird es ebenso ergehen wie diesen hier. *Die Kirche wird euch vernichten!*›»

Als «die Kirche» versteht sich die römische Kurie, speziell die Kongregation für die Glaubenslehre, wie man Bruno Waltermanns Gespräch mit maßgeblichen Beamten dieser Institution entnehmen kann.[19] Klar ist, was hier behauptet und entfaltet wird:

Eines ist das römisch-katholische System, das sich vom 12. Jahrhundert an absolut gesetzt hat und seitdem auf die Parusie Christi nicht mehr hofft und wartet; ein anderes ist die Befreiungsbotschaft Jesu Christi, ist das Neue Testament, in welchem «mit Eifer» zu lesen, den Gläubigen von den Vätern des Zweiten Vatikanischen Konzils empfohlen wird.

Damals, im 12. Jahrhundert, *vor* dem Pontifikat Innozenz' III. und dem Aufkommen der sodann integrierten und anerkannten Bettelorden, wurden originär religiöse Armutsbewegungen mit der Bibel in der Hand nicht geduldet; sie standen im Widerspruch zum Ordo Prinzip der römischen Kirche.

Der Großinquisitor

Sieht es heute viel anders aus? Gilt nicht auch heute noch die Rede des Großinquisitors von Sevilla im Angesicht des großen schweigenden Unbekannten im Kerker, wie Dostojewskij sie aufgeschrieben hat?

«Der Großinquisitor bleibt am Eingang stehen und

---

[19] Leo Waltermann, Rom – Platz des Heiligen Offiziums Nr. 11, Graz, Wien, Köln 1970.

sieht IHM lange, ein bis zwei Minuten lang, ins Gesicht. Dann tritt er näher heran, stellt den Leuchter auf den Tisch und spricht zu IHM: ‹Bist Du es?› Da er keine Antwort erhält, fügt er schnell hinzu: ‹Antworte nicht, schweige! Was kannst Du auch sagen? Ich weiß sehr gut, was Du sagen willst; doch Du hast kein Recht, auch nur ein Wort dem hinzuzufügen, was einst von Dir selber gesagt worden ist. *Warum bist Du gekommen, uns zu stören? Denn dazu bist Du gekommen, Du weißt es selbst.* Weißt Du aber auch, was morgen geschehen wird? Ich weiß nicht, wer Du bist, ich will auch nicht wissen, ob Du es wirklich bist, oder ob Du nur Seine Gestalt angenommen hast: aber morgen werde ich Dich richten und verurteilen und Dich auf dem Scheiterhaufen verbrennen als den gefährlichsten aller Ketzer; und dasselbe Volk, das heute Dir die Füße geküßt hat, wird sich morgen auf einen Wink von meiner Hand hin zum Scheiterhaufen stürzen, um dort die Kohlen zu schüren, weißt Du das? Es ist möglich, daß Du es weißt›, fügte er hinzu, ohne auch nur eine Sekunde den Blick von dem Gefangenen zu lassen.»

Und später, nach unterbrechenden Fragen Aljoschas, läßt Iwan Karamasoff den spanischen Großinquisitor weiter sagen: «Alles, was Du von neuem verkündigen könntest, würde einen Eingriff in die Glaubensfreiheit der Menschen bedeuten, *denn es würde uns wie ein Wunder vorkommen.* Aber die Freiheit des Glaubens galt Dir damals mehr als jedes andere Gut, damals, vor anderthalbtausend Jahren! Kam das Wort nicht immer wieder aus Deinem Munde: ‹*Ich will euch frei machen*›? Nun, jetzt hast Du sie gesehen, die *freien* Menschen! Ja, das Werk hat uns viel gekostet; aber wir haben es zu Ende geführt, endlich, in Deinem Namen! Fünfzehn Jahrhunderte lang haben wir uns mit dieser Freiheit geplagt; aber jetzt sind wir damit fertig, fertig für alle Zeiten... Du siehst mich mit Deinen sanften Augen an und würdigst mich nicht einmal Deines Zornes. So wisse: Jetzt, gerade heute, sind die Menschen mehr denn je davon überzeugt, sie wären frei, ganz frei; frei wie nie die Menschen vor ihnen! In Wahrheit aber haben sie selber uns ihre Freiheit gebracht und demütig uns vor die Füße gelegt. Das war *unser* Werk! War es diese Freiheit, die Du wünschtest?»[20]

Kaum wagt man dem Gedanken nachzugehen, was aus einer Kirche, aus einem Christentum (und damit aus Europa und sogar der Welt!) geworden wäre, wenn die Systemkirche sich zu einer Gestalt entschiedener Armut, entschiedener Herrschaftslosigkeit (An-archie) und also entschiedenen Dienens durchgerungen hätte. Aber gegen eine solche grundlegende *conversio* sprach ihr Verlangen nach Besitz, Reichtum, Macht; sie wollte nicht hinter den weltlichen Herrschern zurückstehen, wollte es ihnen gleichtun. Als Franz von Assisi auftrat, da *war* im Grunde schon alles entschieden.

Die Eigentumsfrage

Papst Innozenz III. (1198–1216) war so besonnen, die Gründungen von Dominikus und Franziskus zu billigen und in die Systemkirche zu integrieren. Damit fanden die ersten zwei Bettelorden Aufnahme und – widerwillige – Anerkennung durch die römische Kurie. Freilich war dieser Vorgang nicht ohne Schwierigkeiten vor sich gegangen. Franziskus mußte sich die Vernichtung seiner ersten strengen Armutsregel gefallen lassen und in der Folge davon die Spaltung seiner Armutsbewegung mitansehen; widerspruchslos, wie es seiner Glaubenshaltung entsprach.

Die Spannung zwischen römischer Systemkirche und Neuem Testament war überdeutlich an den Tag gekommen; ihr mußte Rechnung getragen werden. Die

---

[20] Wem es beschwerlich ist, die Legende vom Großinquisitor in den Brüdern Karamasoff nachzulesen, findet sie in der Insel-Bücherei Nr. 149.

Eigentumsfrage war virulent geworden wie nie zuvor. Wir haben es ja, vom 13. Jahrhundert an, mit Frühformen des kapitalistischen Wirtschaftssystems zu tun, vor allem in den reichen oberitalienischen Städten. Außerdem brauchten Papst und Kurie sehr viel Geld für ihre Kriege gegen die Hohenstaufenkaiser, vorab gegen Friedrich II. und seine Ansprüche auf wichtigste Gebiete des Kirchenstaats. Die Steuerpolitik der Kurie verschärfte sich; sie traf immer die Ärmsten: die Bauern, Taglöhner, Hintersassen.

Franziskus predigte nach seiner Abkehr vom Reichtum seines Elternhauses, seiner Freunde, die Armut. Und dies nicht nur für auserwählte Wenige, sondern für die ganze Kirche, für die Christenheit. Das Wort Kapitalismus gab es noch nicht, wohl aber schon die Sache; sie verstellte, nach Franzens Vorstellung, den Blick auf Jesu Botschaft und Leben. Auf dem Höhepunkt päpstlicher Omnipotenz trat da einer auf und legte den Finger auf *die* große Wunde seiner Zeit (und nicht seiner allein): die Habsucht, die Habgier, die Geldgier der Kurie, der Prälaten, der Päpste; der reichen Kaufleute in den glanzvollen Städten.

Franziskus hatte den zwischen Besitz und Gewalt bestehenden Zusammenhang erkannt, wenn er seinem Bischof auf dessen Einwendungen gegenüber seiner strengen Armutsregel antwortete: «Mein Herr, wenn wir Eigentum hätten, so wären uns Waffen nötig zu unserem Schutz! Denn aus dem Eigentum erwachsen Händel und Rechtsstreit, und hierdurch pflegt die Liebe zu Gott und zum Nächsten zu leiden!»

Was für ein einfaches, einfältiges und wahres Wort! Die ganze Historie bestätigt seine Wahrheit: «... denn aus dem Eigentum erwachsen Händel und Rechtsstreit; und hierdurch pflegt die LIEBE zu Gott und zum Nächsten zu leiden.»

Franziskus war kein Armer, der reich werden wollte – wie die Armen heute. Nein, er war ein Reicher, der absichtsvoll arm geworden war (Walter Dirks).[21]

[21] Walter Dirks, Die Antwort der Mönche, Frankfurt 1952; darin: Franziskus und das Geld (S. 155 ff.).

Seine vollständige Absage an das Geld überhaupt war gewiß utopisch. Dennoch erinnert sie uns an einen Ernesto Guevara, dessen Geldverachtung so weit ging, daß er die nach der siegreichen kubanischen Revolution herausgegebenen Geldscheine lässig nur mit «Ché» unterschrieb. Er hatte die Hoffnung, daß es der Revolution gelingen würde, allmählich das Geld abzuschaffen...

Man muß von dem Heiligen von Assisi sagen: er sprang in die Bresche! Er spürte die durch Geld und Reichtum heraufziehende Gefahr; er spürte den Kapitalismus lange vor seiner Ausprägung vom sechzehnten Jahrhundert an. Seine erste strenge Armutsregel wurde von Rom nicht grundlos verworfen: fürchtete man doch ums eigene Geld, um den eigenen Besitz; um den Kirchenstaat und die erpreßten Steuern. Es wurde behauptet, kein Mensch vermöchte so arm zu leben, wie Franziskus es für einen Jünger Christi forderte.

Der Theoretische Armutsstreit

Darüber brach der «Armutsstreit» aus, in der offiziellen katholischen Kirchengeschichtsschreibung als «Theoretischer Armutsstreit» beschrieben.[22] Er dauerte länger als hundert Jahre und hielt die Bettelorden, die Päpste, die Kurie in Atem. Es ging, kurz gesagt, um die bedeutsame theologisch-pastorale Frage, ob Jesus «in absoluter oder nur in relativer Armut» gelebt habe; ob er *jeden* persönlichen Besitz verworfen habe?

Die radikalen, im heutigen Sprachgebrauch «linken» Franziskaner, *Fraticellen* genannt, beantworteten diese Fragen mit einem uneingeschränkten Ja. In die franziskanische Bewegung war der Geist eines Peter

---

[22] Über den «Armutsstreit» unterrichtet am einfachsten F.X.Seppelt in: Geschichte der Päpste (s. Literatur-Verzeichnis), Bd.IV, 2.Kapitel: Der Theoretische Armutsstreit (S.110ff.).

Waldes (aus den frühen, ausgerotteten Armutsbewegungen in Südfrankreich) eingedrungen. Die Kurie widersprach den Fraticellen: sie dachte natürlich an sich selbst, an ihre ökonomische Basis; an den im Kirchenstaat angesammelten Reichtum.
Schon 1223, wenige Jahre nur nach der Gründung des Franziskanerordens, ließ Papst Honorius III. in der Ordensregel den entscheidenden Armutssatz streichen. Zwanzig Jahre später wies Papst Innozenz IV. die massiven Angriffe Friedrichs II. von Hohenstaufen, des «Hammers der Welt», auch «der Antichrist» genannt, auf den Reichtum und die Verweltlichung der Kirche mit dem vielsagenden Satz zurück: «Durch diese Angriffe wird der Verdacht gegen die Rechtgläubigkeit des Kaisers zur Gewißheit.»
Der «Theoretische Armutsstreit» schwelte fort. Wir können uns dieses dreizehnte Jahrhundert, in dem recht eigentlich der Individualismus geboren wurde, nicht bewegt genug vorstellen. In Thüringen stieg die reiche Landgräfin Elisabeth, eine geborene Königstochter aus Ungarn, von ihrer Burg zu den Armen und Kranken hinab; nicht nur einmal, sondern für immer. Der Staufenkaiser, Friedrich II., war davon so stark beeindruckt, daß er um ihre Hand anhalten ließ. Die heilige Elisabeth wehrte ab, sie wollte eine Nachfolge Jesu Christi inmitten der Aussätzigen, der Aus-Gesetzten, *leben*. Das bedeutete für sie: voller Verzicht auf Reichtum und also auf Macht.
Aber noch waren die Weichen endgültig nicht gestellt. Noch war die Frage nach der «absoluten oder relativen» Armut Jesu und der Apostel unentschieden; damit auch die gewichtige theologische Frage nach der Notwendigkeit der Armut in der Kirche, der Päpste, Prälaten, Bischöfe. Als Ideal wurde in der Pastoral unverändert die Armut gepriesen. Aber die Realität sah ganz anders aus. Die Ideologisierung dieser theologischen Streitfrage nahm immer mehr zu, und sie wurde *als* Ideologisierung, als Rechtfertigungsideologie natürlich nicht durchschaut. Hierfür hat uns erst Karl Marx den Blick geschärft.

Als Schlüsselfigur im «Theoretischen Armutsstreit» haben wir den im Exil zu Avignon residierenden *Papst Johannes XXII.* zu erkennen, eine sehr dunkle Gestalt. Die orthodoxen Kirchenhistoriker sind sich mit den weniger orthodoxen darin einig, daß er die Weichen endgültig gestellt hat: er billigte, begünstigte und praktizierte in der Burg zu Avignon mitsamt der Kurie und einem üppigen Hofstaat, in dem auch südfranzösische Damen nicht fehlten, kapitalistisches Denken, kapitalistische Haushaltung. Avignon war die Residenz der Päpste zwischen 1309 und 1377. Der Luxus bildete sich aus infolge der Kreuzzüge – im kargen Europa unbekannte orientalische Produkte: kostbare Stoffe, Kosmetika, Teppiche, Goldgefäße, Gewürze waren äußerst begehrt – und in der engen Berührung mit dem prunkvollen höfischen Leben Burgunds. Das südlich gelegene Arles war Zentrum provençalischer Kultur seit Jahrhunderten und Residenz deutscher Kaiser. In Avignon wollte man nicht hinter Arles zurückstehen. Der Papst arbeitete, um seinen Finanzen aufzuhelfen, eng zusammen mit reichen Finanzleuten in Florenz, Genua, Venedig, Pavia. Die Kurie trieb von den Bauern, dem «Niedervolk» unbarmherzig Steuern ein. Nepotismus und Kurtisanenwesen blühten.

Obwohl eine Kirchenreform «an Haupt und Gliedern» seit dem späten 13. Jahrhundert den Gegenstand ungezählter Erörterungen bildete, kam es dazu doch nicht. Mahner und Warner wie der Staatstheoretiker Marsilius von Padua und der franziskanische Theologe Wilhelm von Ockham machten in Wort und Schrift auf die unerhörten Mißstände in der Kirche, in Avignon aufmerksam.

In der Streitschrift des Marsilius «*Defensor pacis*» wurde die hierarchische Struktur der Kirche in Frage gestellt und eine Demokratisierung gefordert. Alles war umsonst, und die Spaltung der Kirche von 1378 an für vier Jahrzehnte verschlimmerte die Zustände noch, wenn das möglich gewesen wäre.

Der «Theoretische Armutsstreit» spitzte sich zu in der

harten Auseinandersetzung zwischen Papst Johannes und dem in Oxford lehrenden Minoriten-Franziskaner Wilhelm von Ockham. Die grundsätzliche Streitfrage ging um das rechte Verständnis des Papsttums, das Ockham als «dienende Macht» interpretierte und nicht als weltliche Herrschaft. Aus diesem Postulat leitete der Oxforder Gelehrte die These ab: durch weltlichen Besitz wird der Papst vom Kaiser abhängig; also durch den Kirchenstaat, um dessen Schutz und Erweiterung – oder Wiedergewinnung verlorener Territorien – so viele Kriege geführt wurden. Eine solche Abhängigkeit, sagte Ockham, widerspricht den Normen des Evangeliums. Folglich muß der Papst, muß die römische Kurie auf *jeden* Besitz verzichten. Der Papst könne neue Gesetze nur dort erlassen, «wo die Schrift schweigt». Mit diesen Thesen befand Ockham sich mitten im anstehenden «Theoretischen Armutsstreit» zwischen Papst und Fraticellen, den «linken» Franziskanern in Oberitalien.[23]

Ohne das erbitterte Hin und Her noch näherhin darzustellen, hier die endgültige Entscheidung mit den Worten des katholischen Kirchenhistorikers F.X. Seppelt:

Mit seiner Bulle vom 12. November 1323 erklärte Papst Johannes XXII. «die hartnäckige Behauptung, Christus und die Apostel hätten weder einzeln noch gemeinsam Eigentum besessen, *für häretisch*. Eine grenzenlose Empörung in den Kreisen des Ordens war die Folge; nicht wenige Minoriten (Fraticellen) erklärten den Papst für einen Häretiker. Man verübelte ihm auch die feierliche Kanonisation des Thomas von Aquino – am 18. Juli 1323 –, dessen maßvolle Lehre über die Armut der Papst in seiner Lobrede auf den neuen Heiligen als ‹apostolisch› gerühmt hatte. Die Mehrheit des Franziskanerordens hat sich schließlich gefügt; das Pfingstkapitel zu Lyon vom Jahre 1325 forderte zur Achtung vor den päpstlichen Erlassen auf.

---

[23] Zu Wilhelm von Ockham speziell: Res publica Christiana, herausg. v. Peter von Sivers, München 1969.

Ein nicht unbeträchtlicher Teil aber verharrte in der Opposition gegen den Pontifex; man wollte nicht sehen, daß der Papst die Armut Christi keineswegs in Abrede gestellt hatte.»[24]

Die Armut Jesu wurde also nicht einfach geleugnet, und formal war der Papst im Recht. Aber es ging – und geht – um den politischen Zusammenhang und Hintergrund und um den Geist der Armut: Besitzen, als besäße man nichts. Seinen von einem Teil der Fraticellen als häretisch bezeichneten Satz mußte Johannes XXII. in zwei weiteren Verlautbarungen – von 1324 und 1329 – bekräftigen und gegen den Vorwurf der Häresie verteidigen.

Damit war der «Theoretische Armutsstreit» entschieden, die Weichen für die Zukunft gestellt – und diese Zukunft ist noch unsere Gegenwart. Damals, in der ersten Hälfte des 14. Jahrhunderts, wurde durch eine höchst fragwürdige Papstgestalt in Avignon in aller Form eine Haltung sanktioniert, die den heraufkommenden Kapitalismus eindeutig begünstigte.

Schlimmer noch waren die unmittelbaren Nachfolger dieses Papstes, auch sie noch in Avignon. Über sie lesen wir bei dem Kirchenhistoriker August Franzen:

«Unruhestiftend und ärgerniserregend waren das Ausmaß und die Methode, mit der das Avignoner Papsttum immer neue Mittel und Wege fand, Geldabgaben und Steuern zu erheben, um seinen steten Finanznöten abzuhelfen... Daß diese Gelder rücksichtslos eingetrieben wurden, ließ die Erbitterung gegen die Kurie wachsen... Sie verdichtete sich im Laufe der Jahrzehnte und folgenden Jahrhunderte und wirkte sich schließlich im sechzehnten Jahrhundert im Massenabfall der Reformationszeit aus. Insgesamt hat das Avignoner Exil der Päpste dem Ansehen des Papsttums unendlichen Schaden zugefügt.»[25]

---

[24] Seppelt, a.a.O., S.114.
[25] A. Franzen, a.a.O., § 34: Das «Avignoner Exil» und das große abendländische Schisma (S. 220ff.).

Ja, und wohl noch tieferen Schaden, als Kirchenhistoriker eingestehen wollen; sosehr sie auch heute bereit sind, über «die chaotischen Zustände im Kirchenstaat» zu schreiben – und Stadt und Land Avignon waren durch Kauf juristisch dem Kirchenstaat einverleibt worden. Dieses Thema ist heute nicht mehr mit Tabu belegt.

Im 15. Jahrhundert hatte sich die römische Systemkirche vollends auf italienischem Territorium gegen die zahlreichen Fürstentümer durchgesetzt. Auf dem Konzil zu Basel (1431–49) wuchs die Überzeugung, eine durchgreifende Kirchenreform sei unmöglich; sie könne nur außerhalb des römischen Systems und also gegen die Kirche durchgesetzt werden. Die Päpste waren vorrangig mit ihren Rechten im Kirchenstaat beschäftigt. Kirche in unserem Verständnis als «Volk Gottes», als Gemeinde vor Gott, gab es nicht; und sie interessierte auch nicht.

Die Sache Jesu Christi versuchten Männer wie John Wiclif in England und Jan Hus in Böhmen hochzuhalten, ans Licht zu bringen. Vergebens. Wiclifs scharf antipäpstlichen und antikirchlichen Thesen wurden verurteilt, Hus nach einem Prozeß verbrannt. Die römische Systemkirche hatte in jeder Hinsicht die für die Verwandlung der Menschen, der Welt bestimmte Sache Jesu Christi verschleudert und verraten.

Hundert Jahre später begann Martin Luthers große Rebellion. Über einen so glaubwürdigen, frommen, einfachen Papst wie Hadrian VI. aus Utrecht wurden Kübel von giftigen, haßerfüllten Worten ausgegossen, weil er es gewagt hatte, durch einen Legaten vor den versammelten Reichsständen in Nürnberg *das* große Schuldbekenntnis an der Spaltung vortragen zu lassen. Aber es war schon zu spät, Luthers Sache war nicht mehr aufzuhalten, und Hadrian hatte nur knapp eineinhalb Jahre regiert: eine große Tragik für die Kirche, für ihre Zukunft!

Blicken wir noch einmal zurück ins 13. Jahrhundert, als die Bettelorden eine große Wirkung auf das «Niedervolk» ausübten und Geschichtstheologen am

Rhein, in den Niederlanden, in Süditalien ein «drittes Weltzeitalter» visionär heraufziehen sahen: fortan sollte allein die Kraft des Heiligen Geistes wirksam werden, ohne Institution Kirche, ohne Papst, ohne spekulative Dogmatik. Hier seien nur Namen wie Anselm von Havelberg und Joachim von Fiore genannt. Beide schrieben auch Anstößiges im Sinne kirchlichen Glaubens, wurden aber dennoch nicht als Ketzer verurteilt.

Joachim wollte die Erfüllung der Verheißungen Jesu nicht in einem «Jenseits» nach dem Jüngsten Gericht erwarten, sondern inmitten der irdischen Zeit, in einem «dritten Zeitalter des Heiligen Geistes». Er und Anselm von Havelberg brachten die von der Systemkirche vergessene eschatologische Glaubensdimension ins Wort und ins Bewußtsein. Joachims Ideen beeinflußten stark die Theologie der «linken» Franziskaner; sie tauchten unter und lebten wieder auf in den Geistesphilosophien Schellings und Hegels, fanden ihren «auf die Füße gestellten» Niederschlag in den Geschichtsentwürfen Lenins und Adolf Hitlers. Alle Geschichtstheologen des 13. Jahrhunderts versuchten sich in der Ausdeutung der Geheimen Offenbarung, und auch in Rom waren ihre Schriften durchaus bekannt. Indessen fühlte sich die Systemspitze offenkundig stark genug, um diese Grübler gewähren zu lassen. Dies um so mehr, als die Prophezeiung Joachims, das neue, dritte Zeitalter des Geistes werde gegen 1260 anbrechen, sich nicht erfüllte.[26]

---

[26] Zu Joachim von Fiore empfiehlt sich vor allem die Studie von H. Grundmann sowie die Darstellung und Interpretation Karl Löwiths (siehe Literatur-Verzeichnis). Darüber hinaus sollte bei speziellem Interesse für die hochmittelalterliche Geschichtstheologie herangezogen werden Johannes Spörl, Grundformen ... (siehe Literatur-Verzeichnis).

Die verbotene Bibel

Zu dieser Zeit hielt es die Systemkirche für angebracht, über die *Verwendung der Bibel* gründlich nachzudenken. Mehrere Synoden zwischen 1229 (Toulouse), 1234 (Tarragona) und 1304 (Oxford) erließen auf Geheiß der Päpste Einschränkungen und Verbote der Lektüre und Benutzung der Heiligen Schrift. Papst Paul IV. machte sodann 1559 – im Zuge der Gegenreformation – im Index der verbotenen Bücher den Gebrauch des Alten und des Neuen Testaments abhängig von der Erlaubnis der zuständigen Inquisitionsbehörde. Von 1564 an hieß es sodann: der einzelne Gläubige darf diese Erlaubnis von seinem Bischof oder dem Inquisitor erhalten. Erst 1897 hob Papst Leo XIII. die strengen Beschränkungen fürs Bibellesen auf. Doch der «einfache Gläubige» hatte immer noch seinen Wunsch nach selbständiger Bibellesung zu begründen.

Freilich wurde der Bibel allezeit eine *Alibifunktion* zugemessen, da die Systemkirche sich ja als «Kirche Jesu Christi» verstand und versteht. Dennoch bleibt unwahr, wenn es in Texten des Zweiten Vatikanischen Konzils heißt, die Kirche habe die Bibel «stets als Quelle des Glaubens verehrt – so wie den Herrenleib selbst». Dies eben hat die Systemkirche nicht getan. Die Bibel erfreute sich durchaus nicht aufrichtiger Hochachtung; eher wurde sie als ein «subversives Dokument» betrachtet – um eine Formulierung aus Lateinamerika zu verwenden, wo (bekanntlich?) jene Priester, Laien und Bischöfe um ihr Leben bangen müssen, die der Omnipotenz des Staates, den Ansprüchen der herrschenden Oligarchien – alle «gut katholisch», versteht sich –, das Evangelium vorhalten und zu ihm sich bekennen.

Ohne Not und Übertreibung darf vermutet werden, daß die übergroße Mehrheit aller Päpste, Bischöfe, Priester in den vergangenen Zeiten nie das Neue Testament gelesen, bedacht, seinen Inhalt sich angeeignet hat. Gewiß ist, und dies bis heute, daß die ethischen und humanen Normen des Neuen Testaments niemals Norm systemkirchlichen Glaubensbewußtseins und Handelns waren. Wären sie es jemals gewesen, sähe die Geschichte der Kirche, der Päpste, die Geschichte Europas anders aus.

Noch vor rund zwanzig Jahren hieß es in der Enzyklika «*Humani Generis*», im Zusammenhang mit «Normen der Auslegung der irrtumslosen Schrift», unter anderem: «Bei der Auslegung der Heiligen Schrift wollen sie (‹manche›) keinerlei Rücksicht genommen wissen auf die ‹Analogie des Glaubens› und auf die kirchliche Überlieferung. Daher ist ihrer Ansicht nach die Lehre der heiligen Väter und des kirchlichen Lehramtes gewissermaßen am Maßstab der Heiligen Schrift zu bemessen – und zwar so, wie diese von den Exegeten nach rein menschlicher Methode ausgelegt wird.»

Allerdings! Hierum geht es: «die Lehre der heiligen Väter und des kirchlichen Lehramtes» – ohne «gewissermaßen» – «am Maßstab der Heiligen Schrift zu bemessen». Nein, das ist nicht erlaubt. Die umgekehrte Weise wird erwartet. Denn, so weiter aus der Enzyklika: «... und nicht umgekehrt eben diese Heilige Schrift auszulegen im Geist der Kirche, die Christus der Herr zur Hüterin und Erklärung der Hinterlage der von Gott geoffenbarten Wahrheit bestellt hat.»[27]

Geboten ist also, die Heilige Schrift «im Geist der Kirche» auszulegen, um Konflikte nach Möglichkeit zu vermeiden. Alle diese Sätze könnten richtig verstanden werden, wenn und insofern *Gemeinde* als Kirche verstanden wird.

Eine nur schwer zu ertragende Anmaßung verbirgt sich hinter der naiven Auffassung, «Christus der Herr», also Jesus von Nazareth, habe die «Kirche» – die römische Systemkirche also – zur Hüterin seiner Sache bestellt oder eingesetzt. Von einer solchen Be-

---

[27] Hierzu wurde benutzt J. Neuner SJ und H. Roos SJ, Der Glaube der Kirche in den Urkunden der Lehrverkündigung, Regensburg 1958 (S. 92: Normen der Auslegung der irrtumslosen Schrift).

stellung wußte Jesus nichts; und was hier mit «Hinterlage» gemeint wird, ist das *depositum fidei;* aber welches? Darum kreisen heute die theologischen Auseinandersetzungen; und das ist auch not-wendig. Die junge Theologengeneration setzt hinter das seit nahezu 2000 Jahren kirchlich verordnete depositum fidei ein großes Fragezeichen. Immer deutlicher wird erkannt, daß Jesus eine vom Geist der Liebe, der Brüderlichkeit, der Armut, der Friedens- und der Feindesliebe inspirierte und motivierte an-archische Gemeinschaft von Menschen intendiert hatte, die es mit einer Nachfolge seines Lebens, Denkens und Handelns versuchen; nicht mehr, nicht weniger.

Dies mag eine extrem evangelische Interpretation sein, der sich die Großkirchen, beide, nicht anschließen; sie fürchten um ihre Macht; sie setzen nicht auf Vertrauen, nicht auf das unverfügbare Wirken des Heiligen Geistes, eine sinnentleerte Chiffre, die der Theologe H. Mühlen (Paderborn) so zu umschreiben versucht: «Das Pneuma ist jene gnadenhafte und lebendigmachende Faszination selbst, in welcher Christen sich gegenüberstehen. Es ist die selbst nicht leibhaftige Ermöglichung einer leibhaftigen Erfahrung Gottes.»[28] Über diese Erklärung lohnt es sich nachzudenken. Nein, die Großkirchen, beide, setzen auf *Sicherheit*, eine zutiefst unbiblische Kategorie.

Der Begriff «Sicherheit» begegnet im Neuen Testament nur einmal, und zwar im Zusammenhang mit Unglaube und der nahenden Herrschaft antichristlicher Mächte: «In bezug auf die Zeiten aber, ihr Brüder, habt *ihr* nicht nötig, daß euch geschrieben wird. Denn *ihr* wißt genau, daß der Tag des Herrn so kommt wie ein Dieb in der Nacht... Wenn *sie* (hingegen) sagen: Es ist Friede und Sicherheit, dann kommt plötzliches Verderben über *sie*, und *sie* werden ihm nicht entrinnen...» (1 Thess 5,1 ff).

Jesus kannte die Vokabel «Sicherheit» nicht; und im

---

[28] In: Orientierung (1972) Nr. 4, S. 47 ff.; besonders der Abschnitt: Was heißt «Heiliger Geist»? S. 49.

Alten Testament warnen die großen Propheten vor «falscher Sicherheit». Oftmals meinte Israel: Der Herr *ist* doch in unserer Mitte! Die Schriftpropheten warnen vor dieser irrigen Auffassung; sie machen den König darauf aufmerksam, daß *Vertrauen* in Gottes Treue mit menschlich-institutionell verbürgter Sicherheit unvereinbar ist. Verurteilt wurde das ängstliche Anlehnungsbedürfnis an die Großmacht Ägypten. In der Innenpolitik ging es durch die Jahrhunderte um die Frage der humanen und sozialen Gerechtigkeit, die Antithese zu «Sicherheit».

Von der römischen Systemkirche muß gesagt werden, daß sie sich in radikaler Frontstellung gegen die Gebote Gottes und Jesu Christi befunden hat und auch heute noch befindet. Ausnahmen, wie sie sich in manchen Ländern Lateinamerikas finden, bestätigen diese Regel. Mit der Enzyklika «Populorum Progressio» aus dem Frühjahr 1967 darf offenkundig nicht Ernst gemacht werden; in ihr kommt «Gerechtigkeit» dreizehnmal vor, «Sicherheit» keinmal. Im Isolotto wurde der Versuch gemacht, mit dieser Enzyklika zu arbeiten; daran ist das Gemeindeexperiment gescheitert.

Nicht anders in den Slums von Rom, wo ein Dutzend progressiver Priester sich gegen die sogenannte Christliche Partei aussprach, da sie ihnen in ihrer Arbeit für humane und soziale Gerechtigkeit in der Diözese des Bischofs von Rom nicht geholfen habe: sie wurden vom Vatikan gemaßregelt. Dort scheint es kein Gespür zu geben für *sündhafte soziale Zustände*. Allein die individuelle Sünde zählt, eine falsche Seelenheiltheologie: als ob irgendein Mensch sich allein retten könnte! Die Frage nach der Glaubwürdigkeit des Bischofs von Rom, seiner Beamten, die für seine Diözese mitverantwortlich sind, scheint im Vatikan nicht zu interessieren. Allein «Glaubensenzykliken» dürfen verlesen, passiv hingenommen werden. Nicht grundlos ist in Italien der Kommunismus sehr virulent: schuldhaftes Versagen der römischen Kirchenspitze durch die Jahrhunderte: es ging

– bis vor hundert Jahren – immer nur um den Kirchenstaat.

Aber – wir müssen noch weiter dem Verhältnis von Systemkirche und Bibel nachspüren. Im Lexikon für Theologie und Kirche aus dem Jahr 1931 finden sich unter dem Stichwort «Bibellesen» zusammengerafft diese Sätze: «Die Behauptung von der Notwendigkeit des Bibellesens für jedermann wurde von der Kirche mit Rücksicht auf die katholische Glaubensregel, zur Verhütung der Preisgabe des Bibellesens an den Subjektivismus, aus Ehrfurcht vor dem Wort Gottes und aus anderen in der gottgesetzten Alleinzuständigkeit des kirchlichen Lehramtes gelegenen Gründen und Schutzmaßnahmen *folgerichtig jederzeit* verworfen.»[29] In der Tat höchst folgerichtig!

So viele erhabene Worte über die Wertschätzung der Bibel müssen herhalten, um die systemerhaltende Ideologie zu kaschieren, die dieser Text enthält. Diese Aussage gewinnt anderseits ihre Berechtigung – von den theologisch-ideologischen Überhöhungen abgesehen –, insofern *die Bibel ein Dokument der Kirche ist* und inmitten der *Gemeinde* erst zu voller Wirkung und Resonanz kommt.

... und die Angst vor ihr

Daß auch heute noch Gefahr für das römische System gewittert wird, wenn Theologen, Priester, Gläubige das Alte und Neue Testament studieren, zeigt sich in Worten Kardinal Königs, die er 1970 gesprochen hat: «Nach vier (nur vier?) Jahrhunderten hat die katholische Kirche ihre Einstellung gegenüber der Heiligen Schrift von einer negativen in eine positive Haltung (!) gewandelt. Heute wissen wir, daß die Bibel bei entsprechender Vorbereitung keine Gefahr mehr (!) dar-

---

[29] Lexikon für Theologie und Kirche. Bd. 2, Freiburg 1931, S. 290ff.

stellt, sondern eine große geistliche Hilfe. Aus rechter Bibellesung (also nicht unrechter) kann der Katholik mehr von Gottes Wort, der Bedeutung der göttlichen Offenbarung und der Heilsbotschaft verstehen als durch sonstiges Studium. Die Gefahr des Mißbrauchs der Heiligen Schrift besteht zwar weiterhin.»[30]

Was denkt sich ein Kardinal bei solchen entlarvenden Äußerungen, in aller Naivität gesagt, ohne sich an die Brust zu schlagen? Ohne Reflexion darauf, was da so gar nicht verschämt eingestanden wird?

Unter «Mißbrauch» wird das Ernstmachen mit Gestalten der humanen, sozialen und auch politischen Nachfolge Jesu verstanden. Denn die Systemkirche duldet allein die herkömmlichen entweltlichenden Nachfolgeformen. Auch das Ernstmachen mit begründeter Kritik und notwendiger Ideologiekritik auf dem Hintergrund des Alten und des Neuen Testaments wird als beider «Mißbrauch» verurteilt. Nichts fürchtet das katholische System mehr als Anarchie, Herrschaftslosigkeit, die Jesus gewollt hat. *Brüderlichkeit* sollte sich ausbreiten, zum erstenmal in der Geschichte der Menschheit! Aber dergleichen simple Wahrheiten scheint die Systemkirche nicht begreifen zu können oder zu wollen. Wie sagte der Erzbischof von Florenz? «Ich habe Lehre und Disziplin zu vertoidigon, sonst fällt alles zusammen. Über mir steht der Codex.» Nicht das Evangelium, das sich demnach dem Codex unterzuordnen hat; damit also auch der Geist Christi.

Solange die Systemkirche so denkt, bleibt ihr die Zukunft verschlossen; wird der große Exodus weitergehen, ja – noch erst recht beginnen. Eine theologische, eine bibel-theologische Erklärung gab Kardinal Florit nicht. «Rechte» Bibellesung hat auch nicht auf die vergessenen Werte des Neuen Testaments zu stoßen – etwa auf die so bedeutsamen Gebote der Feindesliebe und des Friedensstiftens. Nein, «rechte» Bibellesung vermittelt allein «mehr von Gottes Wort,

---

[30] Beleg im Archiv der Autorin.

der Bedeutung der göttlichen Offenbarung und der Heilsbotschaft».
Und sonst nichts?
Offenkundig.
Andere bischöfliche Verlautbarungen allein aus der BRD nötigen gleichfalls zu der Auffassung, daß eigenständiges Bibellesen und ein daraus gewonnenes neues Verständnis glaubwürdigen Christseins unerwünscht sind.
Im Frühjahr 1971 zeigte sich der Paderborner Erzbischof darüber besorgt, «daß sogar Theologen von hohem Ansehen allein und ausschließlich von dem Wortlaut der Heiligen Schrift ausgehen» und dabei die sogenannte katholische Glaubensregel unbeachtet ließen. Die Bibel bleibe «ein totes Dokument», wenn sie «entgegen dem unaufgebbaren Wesen der katholischen Theologie und losgelöst von der Kirche (der Systemkirche also; nicht Gemeinde!), ihrem Glauben und dem Band der Überlieferung» gesehen und verstanden werde. «Wer dies tut», so Kardinal Jäger, «trägt die Heilige Schrift aus der Kirche heraus.» Gewiß, der trägt sie aus der Systemkirche heraus, um sie in die Gemeinde Jesu Christi als Kirche vor Ort hineinzutragen. Aber derart mit der Heiligen Schrift konfrontiert, fühlt sich das katholische System verunsichert. Leider noch längst nicht zureichend!
In dem Fastenhirtenbrief 1971 von Bischof Volk (Mainz) fällt die übermäßige Verwendung von «Kirche» und «kirchlich» auf – auch dies kein Fehler, wenn damit *Gemeinde* und *gemeindlich* gemeint wäre. Die Rede ist aber vom System. Der Bischof spricht von der «Notwendigkeit der Glaubensgewißheit für das christliche Leben» und schreibt sodann: «Wer den Glauben verkündet, handelt in *kirchlichem* Auftrag, der auch inhaltlich bestimmt ist; er muß daher den *kirchlichen* Glauben verkünden; alles andere wäre Mißbrauch des *kirchlichen* Amtes... Die Verkündigung des *kirchlichen* Glaubens schaltet die Person nicht aus... Nur so, als Boten des *kirchlichen* Glaubens, können wir die Verantwortung tragen...»

Auch der Fastenhirtenbrief von Kardinal Döpfner von 1972 ist um die Frage nach der *Kirche* zentriert. «Was ist uns die Kirche? Was tun wir in der Kirche?» wird gefragt und festgestellt, sie sei «Christi Werk». Nein, die Systemkirche ist das Werk von Menschen. *Christi Werk ist allein die Gemeinde als Kirche vor Ort;* als der Ort, wo Christus sich ereignet; als Ort brüderlichen, weltoffenen Miteinanderlebens, Miteinanderbetens. Aber so hat Kardinal Döpfner es wohl nicht gemeint?[31]

Kirche ohne Zukunft

Alle diese bischöflichen Briefe kreisen um die römisch-katholische Systemkirche, um deren Bewahrung gerungen, um deren Zukunft gebangt wird.
Dafür gibt es Grund genug. Die Systemkirche hat keine Zukunft. Zukunft hat allein die Gemeinde, in der Theologie durch Erfahrung sich aufbaut und relevant wird. Indes – was kann man schon von Bischöfen, von Kurienbeamten, vom Papst erwarten, die alle *gemeindelos* leben und keine Ahnung davon haben, was Gemeinde soll, was sie in Tat und Wahrheit sein könnte, wenn man nicht immer wieder neue Impulse, neue Experimente verbieten oder abwürgen würde? Die Systemkirche hat keine Anziehungskraft. Warum verpflichten uns die Bischöfe nicht ausdrücklich auf die Befreiungsbotschaft Jesu Christi?
Papst Paul ließ sich, im Januar 1971, sogar zu diesem archaischen Diktum hinreißen – laut einer Meldung von UPI aus Rom: «In einem strengen Aufruf zum Gehorsam hat Papst Paul VI. das hierarchische *Machtprinzip* der römisch-katholischen Kirche bekräftigt und die Übertragung legislativer Befugnisse auf die Gläubigen abgelehnt. Wörtlich sagte der Papst: ‹Sie

---

[31] Die herangezogenen Fastenhirtenbriefe: im Archiv der Autorin.

sind das Objekt (!), nicht der Ursprung der Autorität, die *für* ihren Dienst und nicht *zu* ihren Diensten eingerichtet ist.»

Wir lernen: die römische Systemkirche mit ihrer Spitze bei Papst und Kurie ist «*für* unseren Dienst» eingerichtet, was heißen soll: zu unserer Beherrschung. Sie ist nicht «*zu* unseren Diensten eingerichtet», was heißen soll: sie will uns nicht dienen; sondern, wenn das nicht absurd wäre, sollten wir, die objektivierten Gläubigen, ihr, der Systemkirche, dienen ...

Gewiß, eine andere Praxis gab es bisher nicht. Einige Priester, Gläubige, Bischöfe − zumindest in Lateinamerika (und sicher auch noch anderswo) − hegten die zaghafte Hoffnung, die Systemspitze werde sich auf ihre dienenden Funktion besinnen und sich von allen Machtpraktiken der Vergangenheit endgültig abwenden: damit die Kirche glaubwürdig wird. An der Glaubwürdigkeit fehlt es ihr seit Jahrhunderten. Dafür zeugen die Ketzerbewegungen (einst und heute), die Reformation, die Französische Revolution: alles Ereignisse, Zäsuren, in der Antithese zum römisch-katholischen System entstanden; von der Systemkirche aber bis heute nicht so verstanden.

Dutzende vergleichbarer Äußerungen aus Rom, aus dem Munde von Bischöfen gerade hierzulande ließen sich beibringen, um zu zeigen, daß die Systemkirche im *permanenten Angstzustand* existiert; in der Angst vor dem großen Auszug, der uns noch bevorsteht; in der Angst, eng damit verknüpft, vor dem Geldverlust, der der Systemkirche viel mehr zu schaffen machen würde als das Davonlaufen großer «Herden»: sie läuft ihnen nicht nach; kann es auch nicht, da sie nichts Faszinierendes anzubieten hat. Sie ist ziellos; das ist das Schlimmste.

Dies spricht auch aus den Überlegungen eines im Establishment tätigen Priesters: [32]

«Wenn es in einer Gemeinschaft von Menschen zu

---

[32] Aus einem 1971 gehaltenen Referat Ernst Leuningers, Ordinariatsrat in Limburg.

Auseinandersetzungen über Fragen des gegenseitigen Selbstverständnisses und dieser Gemeinschaft selbst kommt, besteht zumeist der Verdacht, *daß man für die gemeinsame Arbeit keine Ziele mehr sieht.* Ziele wird man aber immer dann nicht mehr sehen, wenn eine Gemeinschaft *nicht auf Zukunft hin orientiert ist, wenn sie keine Zukunft mehr hat.* Manchmal sieht es so aus, als seien wir in einem Angstzustand wegen sinkender Zahlen, Reduzierung von Priesterberufen, Gottesdienstbesuchern und ähnlichen Vorgängen. Ist die Frage nach der Zukunft der Kirche ausgeklammert, hat die Kirche Angst davor, diese Frage überhaupt zu erörtern, denn diese Frage nach der Zukunft ist ja eine transzendierende Frage. Gerade darum muß sie gestellt werden. Wenn die Kirche einen Auftrag hat, dann den, den Menschen Hoffnung zu vermitteln; Hoffnung darauf, daß sie eine Zukunft haben; daß Frieden möglich ist; daß ein Reich des Friedens angestrebt wird. Das kirchliche Amt muß bereit sein, Ziele zu nennen und Hoffnung und Mut zu vermitteln aus dem Glauben; so, wie es in der Heiligen Schrift heißt: ‹Du, wenn du in deinem Glauben bestärkt bist, so gehe hin und stärke deine Brüder.›»

Ja, wir bedürfen gewiß der Glaubensstärkung. Aber mit der herkömmlichen «katholischen Glaubensrogel» weiß die große Mehrzahl der Katholiken nichts mehr anzufangen; sie nehmen sie hin aus Gewohnheit; denken nicht darüber nach, was «Heil» meint; was es bedeutet, wenn in einem bischöflichen Schreiben von der «Anwesenheit des Gekreuzigten in der Kirche» gesprochen wird (so in Kardinal Döpfners Fastenhirtenbrief); was Heiliger Geist besagt. Aber – diese Gewohnheit wird absterben. Der Prozeß der Säkularisierung ist nicht aufzuhalten. Die Mehrzahl aller Gläubigen, zumindest in Westeuropa, hat begriffen, daß die Systemkirche die Welt nicht unter den Herrschaftsanspruch des Vaters Jesu gestellt hat, sondern unter ihren eigenen. Was daraus von früher Zeit an geworden ist, findet sich auf einer jeden Seite nicht allein der europäischen Historie.

Pro- und Antitest der Heiligen

Daß inmitten des römisch-katholischen Systems Menschen heranwuchsen, die die Kirche früher oder später als «*Heilige*» erkannt hat, gehört zu den großen Wundern Gottes. In der Regel waren diese Heiligen große Neinsager, entschiedene Nonkonformisten; sie lebten einen Pro-test für die Sache Jesu; so bezeugten sie zugleich einen herausfordernden Anti-test: gegen das römische System. Sie mußten viele Demütigungen, Verdächtigungen, harte Verfolgungen, Einkerkerung erleiden und sich fortgesetzt vor ihren Vorgesetzten, ihrem Bischof, ihren sie anfeindenden Ordensgenossen rechtfertigen. In der beständigen *Konfliktsituation*, in der die übergroße Mehrzahl aller kanonisierten Heiligen (es gibt auch sehr viele – unbekannte – nicht-kanonisierte Heilige!) standen, haben wir ein wesentliches Merkmal der Heiligkeit, des Christseins überhaupt zu erkennen: Der Konflikt zwischen dem Anruf unmittelbar erfahrener Gnade zu ungewöhnlichem, anstößigem Tun zugunsten der misera plebs, des Erbarmen herausfordernden und fordernden Volkes, *und* dem Gehorsam gegenüber der kirchlichen Obrigkeit macht den Heiligen nahezu immer zu einem dezidierten Nonkonformisten, zum potentiellen Neinsager. Diese Nonkonformisten *in der Liebe und um der Liebe willen* waren um so notwendiger, als es ihnen offenkundig aufgegeben war, eine bestimmte Antwort zu geben auf aktuelle Nöte der Systemkirche.

Die Heiligen dürfen wir als jene Christen verstehen, die über die «Heiligkeit» der Systemkirche zu wachen versuchten; ihre Wirkung auf Papst, Bischöfe, verweltlichte Kleriker, Kurie war freilich sehr unterschiedlich. Zahlreiche Heilige lebten eine je fällige Gestalt der Heiligkeit; sie bekundeten damit einen auffälligen Pro-test für die Sache Jesu. Wie sehr wachsende Heiligkeit und wachsende Liebe zu den Menschen und also zu Jesus Christus zusammengehören – wie

Heiligkeit ohne Liebe nicht aufleuchten kann, erkennen wir bei nur flüchtigen Blicken in die Hagiographie, die heute zu Unrecht vernachlässigt wird: Noch immer haben uns sehr viele Heilige sehr viel zu sagen!

Es gab Heilige, die fraglos im Gefüge der Systemkirche standen und ihr dienten; und andere, die am Rande wirkten, gerade noch geduldet. Diese Menschen waren es auch, die stets den Freimut aufbrachten, Päpsten und Bischöfen harte, schmerzende Wahrheiten zu sagen, mündlich und schriftlich; die sich manchem Interdikt (Verbot jeder gottesdienstlichen Handlung) widersetzten, um dem verlassenen Volk zu helfen.

Das *Interdikt* zählte zu den verheerendsten Waffen des hochmittelalterlichen Systems gegenüber Fürsten, hauptsächlich gegenüber den Staufenkaisern und ihren weltlichen und kirchlichen Freunden. Es gab Städte in Italien, in Deutschland, in Frankreich, in denen manchmal jahrelang keine Kirche geöffnet war, kein Gottesdienst gehalten werden durfte. Leidtragender war immer das «Niedervolk», das sich nicht wehren konnte. Dann war es eine große Sache, wenn heimlich ein Priester dem Verbot zuwiderhandelte; heimlich die Kirchentür öffnete, zu nächtlicher Stunde Gottesdienst hielt, den Menschen Trost und Hilfe zusprach. Er war der schärfsten Verfolgung durch die Systemkirche gewiß.

Blickt man auf die hoch- und spätmittelalterliche Systemkirche, verwundert es wahrlich nicht, daß die Menschen nur sehr oberflächlich christianisiert waren: daran hatte das päpstliche Interdikt keine geringe Schuld. Aber – die Päpste interessierten sich auch nicht für das Volk (mit den wenigen rühmlichen Ausnahmen, vorab im frühen Mittelalter, die diese Regel nur bestätigen); sie interessierten sich für den Kirchenstaat, für das Steueraufkommen, für die Ausdehnung und Festigung ihrer weltlichen Machtausübung; für Familienstreitigkeiten, für den Nepotismus; und, ganz am Rande, für die immer neue Festi-

gung und Absicherung der «katholischen Glaubensregel», auf die ihre Herrschaft über die Menschen sich gründete.
Daher das legitime Bemühen vieler Katholiken heute, die unverfälschte Sache Jesu ans Licht zu bringen, hell bewußt zu machen, damit sie, endlich, fruchtbar werde für die Verwandlung der Menschen, der Herrschaftsverhältnisse überall da, wo diese Verwandlung dringend geboten ist: in Spanien, in Brasilien, in fast allen lateinamerikanischen Republiken; in Portugal, auf den Philippinen; und: auch bei uns in Westeuropa und in den USA.

Was wir brauchen!

In Lateinamerika erblickt soeben eine «theologia de la liberación» das Licht einer erstaunten Umwelt. Eine Theologie der Befreiung, die sich auf das Evangelium gründet, gab es bisher nicht. Sie lehrt die Herrschenden und Mächtigen in Staat und Wirtschaft das Fürchten! Dort, ebenso wie in Spanien, in Portugal, auf den – nominell katholischen – Philippinen gilt das bislang unbekannte Evangelium endlich als das «subversive Dokument», das es in Tat und Wahrheit darstellt. Die römische Systemkirche und die ihr verbündeten Mächtigen (und umgekehrt) haben diesen Sachverhalt bisher nur nicht bemerkt; sie waren – sind weithin noch – an einem nur entweltlichenden Christentumsverständnis interessiert; nicht an einem solchen, das mit dem Neuen Testament rebellisch wird. Höchste Zeit, daß die dem Evangelium innewohnende revolutionäre Kraft endlich ins Bewußtsein dringt, mit nahezu zweitausendjähriger Verspätung!
Unter diesem Aufruf: Befreiung der Menschen, die in unverschuldetem Elend, in unverschuldeten Abhängigkeitsverhältnissen, in unverschuldeten *sozial*

sündhaften Zuständen dahinvegetieren – wie die nach Millionen zählenden Indianer in Lateinamerika –, mit diesem Appell lassen sich auch neue Gemeinden gründen und zusammenschweißen. Zumindest in Lateinamerika; da und dort auch in Spanien, in Afrika. Warum nicht auch bei uns?

In Lateinamerika mehrt sich die Zahl der Bischöfe, Laiengruppen, Priestergruppen, Ordensleute, die aus ihrer bisherigen Erfahrung zu der Überzeugung gekommen sind, «*daß der Sozialismus den Werten des Evangeliums nähersteht als der Kapitalismus*» – wie es in offiziellen Dokumenten heißt. Das weiß natürlich auch die Systemkirche, denn es steht in den Sozialenzykliken, wobei das Wort «Sozialismus» vermieden wird, die Sache aber gemeint ist. Erzbischof Helder Câmara im brasilianischen Nordosten wünscht dringlich, «daß auch das Wort ‹Sozialismus› in der Kirche Bürgerrecht gewinnt».[33]

Der Priesterkönig

Auch das Selbstverständnis des Papstes und des Papsttums gehört noch zum römischen System. Hierüber werden wir durch ein kürzlich verlegtes Buch von Fritz Leist unterrichtet: «Der Gefangene des Vatikans – Strukturen päpstlicher Herrschaft».[34] Leist, in München lehrender Religionsphilosoph, beschreibt, analysiert und interpretiert die Phänomene päpstlicher und kurialer Herrschaft anhand des *Annuario Pontificio*, des Päpstlichen Jahrbuches, in rotes Leder eingebunden und 1900 Seiten stark.

Ideologiekritisch betrachtet und dem Evangelium konfrontiert werden der Päpstliche Hof, der Vatikan-

---

[33] Hinweise auf Lateinamerika erklären sich aus dem Engagement der Autorin an diesem «Subkontinent». Umfangreiches Material, durch Reisen und anderweitig gewonnen, im Archiv der Autorin.
[34] Siehe Literatur-Verzeichnis.

staat, die päpstlichen Orden und Ehrenzeichen; der päpstliche Segen, die privaten und die Massen-Audienzen; die Obelisken vor dem Lateran; die päpstlichen Gewänder; das Kardinalat als Kern der Kurie und diese als «Modell eines totalitären Staates»; die Glaubenskongregation und ihre Arbeitsweise; die Nuntiaturen; der Index der verbotenen Bücher; der Ablaß. Auch die Unfehlbarkeitsproblematik steht zur Rede und die Begründung päpstlicher Machtvollkommenheit überhaupt. Wie kommt es nur, fragt Leist zu Recht, daß die Mehrzahl der katholischen Christen alle diese Zeichen, Mythen, Ideologien fraglos und kritiklos hinnimmt? Kritiken, die allein auf den «Prunk» der päpstlichen Hofhaltung zielen und seine Abschaffung fordern, hält Leist für verfehlt, weil diese Kritiken sich nur gegen Symptome richten. Diese aber entspringen einer Wirklichkeit, «die ebenso zur Erscheinungsweise des Papsttums gehört wie sein Anspruch auf den Jurisdiktionsprimat und die Unfehlbarkeit».

Leist nennt diese «übersehene» Wirklichkeit bei Namen, und er appelliert an des Lesers äußerste Aufmerksamkeit, wenn er vom Römischen Bischof als von einem «Priesterkönig oder Priesterkaiser» spricht. Folgende Ämter hat der Römische Bischof inne: Papst der Gesamtkirche, Bischof von Rom, Metropolit der römischen Kirchenprovinz, Primat von Italien, Patriarch des Abendlandes, Souverän des Kirchenstaates.

Seine Titel lauten: Papa, Vicarius Dei oder Christi, Summus Pontifex, Pontifex Maximus, Sanctissimus, Dominus, Sanctissimus Pater, Dominus Apostolicus.

Folgen die Anreden (in deutscher Sprache) Heiliger Vater, Heiligkeit, Eure Heiligkeit.

Leist stellt fest, daß wir es nicht mit einem Jahrbuch des Papstes zu tun haben, sondern des Pontifex Maximus. «Dieser aber ist Oberhaupt eines Staates.» Sogleich wird die historische Verbindung zur Zeit der – legendären – Entstehung des Papsttums hergestellt; dieses Beispiel sei ausgeführt:

Die Liste der Päpste beginnt mit Petrus; ihr sind zwei Überschriften vorangestellt; die erste: Serie dei Sommi Pontefici Romani – Liste der Römischen Summi Pontifices; die zweite Liste bringt eine wissenschaftliche Quellenangabe, ebenfalls in italienischer Sprache. Sie lautet: «I Sommi Pontefici Romani secondo la Cronotassi del Liber Pontificalis e delle sue fonti, continuata fino al presente.» Hierzu fehlt leider die Übersetzung. Darum sogleich Leists resümierende Interpretation: «Petrus gilt also nach dem Jahrbuch als der erste ‹Pontifex› von Rom. Zur selben Zeit, als Petrus das Glaubenszeugnis ablegte, war der Summus Pontifex von Rom: Kaiser Nero. Als zweiter Titel wird Petrus die Benennung ‹Fürst der Apostel› verliehen. Petrus ist ein ‹Fürst›, der über den anderen Aposteln steht. Das Kollegium der Zwölf wird von einem Titel her interpretiert, der der Feudalverfassung des Mittelalters entnommen ist. ...»

Leist beschreibt das Selbstverständnis des «römischen Priesterkönigs und Priesterkaisers» als das eines «universalen Heilbringers», als eines «Christus auf Erden». Er macht weiterhin klar, daß der Petrus*dienst* des Römischen Bischofs «gleichsam überschwemmt wird vom Archetypus des Heilbringers».

In einem Papstlied aus dem Gesangbuch der Diözese Münster heißt es vom Papst, er verkörpere «Kraft und Licht». Der Prolog des Johannes-Evangeliums ist indessen eine scharfe Absage an jeden, «der von sich behauptet oder von dem behauptet wird, er sei das Licht». Allenthalben weist Leist eine «unbewußt vor sich gehende Christificatio des Römischen Bischofs» nach.

Der ungeheure Mißbrauch des Wortes «heilig» ist auch schon anderen Beobachtern aufgefallen. Das Kardinalskollegium heißt «sacrum collegium» und die Glaubenskongregation «sacra congregatio», analog dem früheren «Heiligen Offizium», der (un-)heiligen Römischen Inquisition, zu deren Personal auch Heilige zählen können; das ändert nichts an der Unheiligkeit der Institution.

Noch genauer als bisher verstehen wir das römisch-katholische System, dessen Rechtsstruktur ausschließlich der Sicherung totaler und absoluter Machtausübung dient: der Herrschaft über die Kirche als ganze – nicht dem Dienst an ihr, an uns.

Der Papst indessen, Paul VI. – und auch seine Vorgänger –, verstehen ihren Dienst offenkundig als Herrschaftsausübung.

Zugleich kann nicht ohne Mitleid übersehen werden, daß Papst Paul VI. nicht herrschsüchtig ist; daß er von allen Seiten unter Beschuß gerät, und daß er diesem vielfältigen Beschuß standhält: *so hält er die Kirche als Einheit zusammen, verhindert er das Schisma.* Man darf sogar vermuten, daß er weithin gelenkt wird von Prälaten in der Kurie; und daß seine physischen Kräfte nicht mehr ausreichen, sich diesem unheilvollen Einfluß zu entziehen.

Falls es sich so verhält, wie hier vermutet wird, wäre es um so wünschenswerter, sogar not-wendiger, daß deutsche Bischöfe ein Gegengewicht bilden; daß sie sich nicht zu Befehlsempfängern kurialer Politik erniedrigen lassen. Eine solche würdelose Rolle könnte ihren italienischen Kollegen überlassen bleiben. Fritz Leist braucht sich nicht für sein Buch zu entschuldigen, wie er es in einem Nachwort getan hat. In der Tat kann «Destruktion durchaus positiv sein». Das werden ihm zumindest alle katholischen *Evangeliums*christen bestätigen, die gleich ihm darunter leiden, «daß die offizielle Kirche das Antlitz Jesu Christi in unserer Zeit mehr verdunkelt und verzerrt als sichtbar macht».

Das ganz gewiß! Und nicht erst in unserer Zeit. Hat man Leists Buch gelesen, fallen einem Jesu *Wehe-Rufe* ein: [35]

«Wehe, ihr Schriftgelehrten und Heuchler! Ihr verzehret die Häuser der Witwen und sagt zum Schein lange Gebete her. Ein um so strengeres Gericht werdet ihr erfahren.

---

[35] Das siebenfache «Wehe» Jesu bei Mt 23,13–32.

Wehe euch, Schriftgelehrte und Heuchler! Ihr verschließt das Himmelreich vor den Menschen, denn ihr geht selbst nicht hinein, und ihr laßt auch die nicht eintreten, die hineingehen möchten ...
Wehe euch, ihr Schriftgelehrten und Pharisäer, ihr Heuchler! Ihr blinden Führer, die ihr die Mücke seihet und das Kamel verschluckt... So stellt ihr euch selbst das Zeugnis aus, daß ihr Söhne von Prophetenmördern seid (von Hus und Savonarola und Brescia und ungezählten Tausenden von Ketzern, die dem römisch-katholischen System die Stirn geboten): Machet nur das Maß eurer Väter voll.»
Aber Jesus wird noch ausfallender, dessen sollten wir uns erinnern; er ist voll des heiligen Zorns, und wir können diesen Zorn nachvollziehen, wenn er die Angeredeten «Schlangen» und «Otternbrut» schimpft – «Wie wollt ihr der Verdammung zur Hölle entrinnen?»

Sofern dieses grundlegende, wegweisende Wort bei dem Evangelisten Johannes gilt: «Daran werden alle erkennen, daß ihr meine Jünger seid, wenn ihr *Liebe* zueinander habt» (13,35), gilt auch der Gegen-Satz, die Antithese: «Daran werden alle erkennen, daß ihr meine Jünger nicht gewesen seid, weil ihr *keine Liebe* untereinander hattet» (und weithin nicht habt).

Die Historie des an sein Ende gekommenen metaphysisch-theologisch-ideologischen Christentums bezeugt die furchtbare Wahrheit dieses Gegen-Satzes. Hat die römische Systemkirche denn gar kein Mitleid mit Jesus Christus?

Statt eines Nachwortes: Das System strafft sich

Während dieses Manuskript zu Ende geschrieben wird, hat die römische Kongregation für die Glaubenslehre eine «Erklärung zum Schutz des Glaubens an die Geheimnisse der Menschwerdung und der Allerheiligsten Dreifaltigkeit gegen einige Irrtümer der jüngsten Zeit» im Vatikan (für den Papst? für die Gläubigen in aller Welt? für wen sonst?) herausgegeben.[36] Die Kongregation erinnert die Bischöfe an ihre Pflicht, nicht zuzulassen, «daß die Diener des Gotteswortes sich von der gesunden Lehre entfernen und sie entstellt oder unvollständig weitergeben». Es wird an die maßgeblichen Dogmen erinnert, die im Laufe des 4. Jahrhunderts (unter dem massiven Druck der Kaiser Konstantin und Theodosius) sowie im 12. Jahrhundert (auf dem IV. Laterankonzil) ausgesagt worden sind.

Was für eine Verwirrung der Geister!

Heute, im Jahr des Herrn 1972 und mit dem Blick auf die nachchristliche Zukunft, wird Gläubigen, Theologen, Priestern zugemutet, unverrückbar, naiv, unkritisch an Glaubenssätzen aus ältester römisch-christlicher Zeit festzuhalten; an Sätzen, die unter radikal anderen politischen, humanen, sozialen, kulturellen, philosophischen und theologisch-ideologischen Be-

---

[36] Dieses Dokument im Wortlaut in: L'Osservatore Romano, in deutscher Sprache, Nr. 11 vom 17. März 1972. Beachtung verdient auch auf der Kopfseite die ebenfalls im Wortlaut wiedergegebene «Ansprache des Papstes bei der Generalaudienz am 8. März» mit der Überschrift: «Heute totgeschwiegen: die Sünde.» Die Rede ist allein von individuellen Glaubens- und Lebenssünden; ein Hinweis auf *sündhafte soziale Zustände,* unter anderem in der Diözese des römischen Bischofs, findet sich bezeichnenderweise nicht. Der Papst versteigt sich zu der Behauptung: «Der Götzendienst des modernen Humanismus, der diese unsere Beziehung zu Gott verleugnet oder vernachlässigt, verneint oder übergeht auch die Existenz der Sünde.» Was für ein grobes Mißverständnis! Dieser «götzendienerische Humanismus» verneint die Sünde nicht nur nicht; er schreit sie allenthalben laut in die Welt hinaus, weil er sich ihrer hell bewußt ist. Muß es denn sein, daß Papst Paul immer wieder derart ignorante Auffassungen äußert?

dingungen zustande gekommen sind. Als ob wir die Geschichtszeit nicht als die Geschichte des sich stetig *wandelnden Bewußtseins* begreifen; als ob wir Evolution nicht *als Evolution von Bewußtsein* verstehen! Als ob die Menschen heute naiv und unkritisch denkend glauben wie zur Zeit Konstantins, Theodosius' und Papst Innozenz' III. Wir stehen, wie so oft, vor dem staunenswerten Phänomen, daß die Systemkirche unfähig ist zu geschichtlichem Denken, wiewohl sie selbst doch eine Geschichte hat!

Nur wenige Tage später sprach Papst Paul VI. die nicht weniger schockierenden Sätze, daß «die Dogmen der katholischen Glaubenslehre die Richtlinien (liefern) für die Lösung der theologischen, ökumenischen, kirchlichen, geistigen, sozialen und auch praktischen Probleme der Gegenwart».

Wenn es so einfach doch wäre! Hält der Papst, halten seine theologischen und sonstigen Berater die Menschen für dumm? Sind Papst, Berater, Kurie tatsächlich so absolut unfähig, über ihren engen römisch-kirchlichen Schatten zu springen, um nicht zu bemerken, daß die Welt über dergleichen töricht-billige Hinweise nur achselzuckend hinweggehen kann? Wird in Rom überhaupt nicht realisiert, daß die römisch-katholische Kirche als ganze, vorab aber in ihrer Spitze, sich durch die Zeiten aufs äußerste kompromittiert hat, so daß sie schon aus diesem historischen Grund heute nicht mehr das Ohr der Welt findet? Wie ungern möchte man an so viel schockierende Betriebsblindheit der Kirchenspitze glauben! Wie ungern nimmt man immer wieder wahr, daß Papst und Kurie unfähig sind, sich selbst mit den Augen anderer zu sehen; mit den Augen von Ungläubigen; von Agnostikern; von Menschen aller Art und überall, die gar nicht auf den Gedanken kommen, sich um Rom, um Kirche, Papst, Kurie und «katholische Glaubenslehre» zu kümmern. In Sachen Glaubwürdigkeit der Kirche gilt ja wohl unter anderem die vor drei Jahren von Kardinal Suenens öffentlich bekundete Einsicht, daß «alles, was in Rom früher an menschlicher Erbärmlichkeit oder an Mißbräuchen vorhanden war, dort noch mehr als anderswo zum Ärgernis für die Kirche wurde» und wird.

Wenn die Menschen, wo auch immer, imstande wären, auch nur zu *vermuten*, die römische Systemkirche hätte fein verpackte «Lösungen» für nahezu alle Weltprobleme anzubieten: wie eilig würden sie zugreifen und dem Papst die Tür einrennen! Aber die Welt, wir alle, sehen und bemerken ja unausgesetzt die Unfähigkeit der römischen Systemkirche, allein den in ihrer Mitte anfallenden drängenden Problemen gerecht zu werden, ja — diese Probleme auch nur in ihrer Vielschichtigkeit zu begreifen.

Immer wieder werden simple «Lösungen» angeboten, die in der abgelaufenen Historie versagt, als Scheinlösungen sich erwiesen haben. «Gesunde Lehre», das ist das in der Kirche von früher Zeit an in Gang gesetzte Menschenwerk; dieses hoch aufgetürmte grandiose Gebirge aus angeblich geoffenbarten göttlichen Wahrheiten über unaussprechliche, unaussprechbare Geheimnisse, *die es gibt*. Aber eben nicht aussprechbar; nicht bestimmbar, nicht verpackt in ebenso schwierigen wie allzu präzisen Glaubenssätzen.

Die Gläubigen hier und anderswo, ganz sicher die Mehrzahl, wollen es heute und zukünftig mit der Befreiungsbotschaft Jesu halten, wie sie bei Jesaja beschrieben wird:

«Der Geist Gottes des Herrn ruht auf mir, weil mich der Herr gesalbt hat; er hat mich gesandt, den *Elenden* frohe Botschaft zu bringen, zu *heilen*, die gebrochenen Herzens sind; den *Gefangenen Befreiung* zu verkünden und den *Gebundenen Lösung* der Bande; auszurufen ein Gnadenjahr des Herrn» (Jes 61,1—2). Auf diese Proklamation bezieht sich Jesu Verkündigung, wie wir sie bei Lukas (4,14 ff) finden. Nachdem Jesus die Jesaja-Worte gesprochen hatte, erklärte er seinen Zuhörern eindeutig: «Heute ist dieses Schriftwort erfüllt vor euren Ohren!» Erfüllt in seiner Person, mit seiner guten Kunde.

Mit dieser Botschaft haben wir es zu tun, und die römische Systemkirche hat das bisher offenkundig nicht gewußt? Mit dieser Befreiungsbotschaft läßt sich – noch – etwas ausrichten in der Welt und für sie. Diese Botschaft erlaubt – noch – keine endgültige Resignation, wie sie heute in der Kirche um sich greift.

Wider die Resignation

Gegen diese Resignation sprechen sich, ebenfalls in diesen letzten Märztagen, 33 Theologen in aller Welt mit großer Entschiedenheit aus – ein Lichtblick![37]
«Sucht man nach Gründen für die gegenwärtige Führungs- und Vertrauenskrise», heißt es unter anderem in dem Dokument, «so wird man sie nicht nur bei bestimmten Personen oder Amtsträgern, schon gar nicht bei deren bösem Willen suchen dürfen. Es ist vielmehr das *kirchliche System selbst*, das in seiner Entwicklung weit hinter der Zeit zurückgeblieben ist und noch immer zahlreiche Züge eines fürstlichen Absolutismus aufweist: Papst und Bischöfe als faktisch weithin allein herrschende Herren der Kirche, die legislative, exekutive und judikative Funktionen in ihrer Hand vereinigen ...
Es handelt sich heute nicht nur um eine sogenannte ‹Demokratisierung› der Kirche. Geht man der Konzeptionslosigkeit der Kirche auf den Grund, stellt man fest: Die Kirche ist nicht nur weit hinter der Zeit, sondern auch und vor allem weit hinter ihrem eigentlichen Auftrag zurückgeblieben. In so vielem ist sie nicht den Spuren dessen gefolgt, auf den sie sich ständig beruft! Deshalb stellt man heute (wirklich: erst heute?) einen eigenartigen Kontrast fest zwischen dem Interesse an Jesus selber und dem Desinteresse an der

---

[37] «Wider die Resignation in der Kirche»; Beilage zu Publik-Forum Nr. 3 vom 24. März 1972.

Kirche. Überall, wo die Kirche statt Dienst an den Menschen Macht über den Menschen ausübt – *überall, wo ihre Institutionen, Lehren und Gesetze Selbstzweck* werden, überall, wo ihre Sprecher persönliche Ansichten als ‹göttliche Gebote› ausgeben, da wird der Auftrag der Kirche verraten ...» (Hier müßte es korrekt heißen: da wird der Auftrag, das Testament Jesu verraten; denn die römische Systemkirche, von der in diesem Papier gesprochen wird, versteht ja ihren Auftrag anders, als diese Theologen denken, daß sie ihn verstünde.)

«Überwunden werden kann die Krise der Kirche nur dadurch, daß sich die gesamte Kirche – Papst, Bischöfe, Pfarrer, Ordensleute, Theologen und Laien –» (die Reihenfolge ist nachdenkenswert; sie müßte selbstverständlich umgekehrt gelesen werden) «erneut *auf ihre Mitte und ihr Fundament* besinnt: *das Evangelium Jesu Christi*, von dem sie ausgegangen ist ...»

«Hat ein solcher Appell überhaupt noch einen Sinn? Verhindert nicht die Übermacht und die Geschlossenheit des *kirchlichen Systems selbst* eine ernsthafte Reform?...»

Folgen unter fünf Punkten zusammengefaßte Anregungen, Hinweise, Forderungen, von denen nur einige wiedergegeben werden sollen:

«Die Forderungen des Evangeliums und die Nöte und Hoffnungen unserer Zeit sind ... so unzweideutig, daß Schweigen aus Opportunismus, Mutlosigkeit oder Oberflächlichkeit ebenso schuldig machen kann wie das Schweigen vieler Verantwortlicher während der Reformationszeit.»

«Zu viele klagen ... über Rom, die Bischöfe, *ohne selber etwas zu tun*. Wenn heute in einer Gemeinde der Gottesdienst langweilig, die Seelsorge wirkungsarm, die Theologie steril, die Offenheit gegenüber den Nöten der Welt beschränkt, die ökumenische Zusammenarbeit minimal ist, dann kann die Schuld nicht einfach auf Papst und Episkopat abgeschoben werden ...»

«Ein Gemeindemitglied, das zum Pfarrer geht, zählt nicht; fünf können lästig werden; fünfzig verändern die Situation. Ein Pfarrer in der Diözese zählt nicht; fünf werden beachtet; fünfzig sind unbesiegbar.» Nun, auch daran läßt sich sogar zweifeln, wie die Erfahrungen (Beispiel: Isolotto) beweisen!

«Warum besteht noch Grund zur Hoffnung? Weil wir den Glauben haben, daß die Kraft des Evangeliums Jesu Christi sich in der Kirche immer wieder als stärker erweist als alle menschliche Unfähigkeit und Oberflächlichkeit; stärker als unsere eigene Trägheit, Torheit und Resignation.»

Ja.

Veni Creator Spiritus!

Die Reaktion der Kurie

So der Stand im März dieses Jahres.

Anfang Mai nannte die römische Kurie das Dokument eine «demagogische Kundgebung», die «allen glaubenslosen Menschen gefallen kann und *sich nicht mit dem Geist des Evangeliums vereinbaren* läßt.»[38]

Nun, was sich in Tat und Wahrheit mit dem Geist Jesu vereinbaren läßt, haben wir inzwischen begriffen.

Kurienkardinal Garonne indessen behauptet, in den sieben Jahren seit dem Konzilsende seien «überaus kühne Lehrmeinungen und auch Irrtümer verbreitet worden, welche fundamentale Glaubenswahrheiten in Frage stellen».

Lassen wir diese Behauptung auf sich beruhen: die Frage ist ja gerade, worin das unverfälschte *depositum fidei* besteht.

Die dreiunddreissig Theologen (aus mehreren europäischen Ländern sowie aus den Vereinigten Staaten und Kanada) müßten doch wissen, daß die «Krise der

---

[38] Beleg im Archiv der Autorin.

Kirche von solchen Theologen verursacht» werde, die sich «um jeden Preis dem sogenannten Progressismus in die Arme werfen».

Das ist natürlich grober Unsinn. Es geht nicht um eine Ideologie des «Progressismus»; es geht um ein neues Verständnis der Person Jesu und seiner guten Kunde. Kurie und Papst vertreten also unverändert die Auffassung, rechter Glaube habe sich an starre, unveränderbare Sätze aus der Vergangenheit zu halten.

Diese Auffassung muß mit Schärfe zurückgewiesen werden, weil sie ungeschichtlich und also falsch ist! Jede Theologie, die wirkungsvoll sein soll, hat zeitgemäße Theologie zu sein. Das wußte zum Beispiel Thomas von Aquin, als er mit dem Instrumentarium der Philosophie des Aristoteles an die ihm überlieferte Theologie heranging und sie dem veränderten Bewußtsein seiner denkenden Zeitgenossen angepaßt hat. Diese Theologie paßte schon nicht mehr für die Renaissance; sie versagte vollends in nachreformatorischer Zeit und erst recht im Aufbruch der großen europäischen Aufklärungs- und Freiheitsbewegung vom 18. Jahrhundert an.

Nicht erst heute ist diese Epoche metaphysizierten onto-theologischen Christentums abgelaufen. Eine neue Epoche zieht herauf, deren Gesicht wir noch nicht klar erkennen können. Zahlreiche Theologen indessen scheuen (dankenswerterweise) keine Mühe, eine neue, *unserem* Wissen und Bewußtsein angepaßte Theologie als Anthropologie (und umgekehrt) hervorzubringen.

Nicht anders entspricht es den Absichten Gottes mit seiner Welt. Das wissen wir aus der Geschichte Gottes mit seiner ersten Liebe Israel: Immer wieder mußte Israel den Exodus ins Unbekannte wagen. So ist es auch den Christen aufgegeben: Dazu bedarf es der Tapferkeit des Herzens und des Geistes; des begründeten Vertrauens in Gottes Treue (nicht des «allmächtigen» Herrschaftsgottes der Systemkirche!) und: der Hoffnung.

Hoffen wir also wider die Hoffnung!

Literatur, die das Thema motiviert hat (Auswahl)

H. D. Bastian (Hrsg.), Experiment Isolotto, München-Mainz 1970

K. Bosl, Die Gesellschaft in der Geschichte des Mittelalters, Göttingen 1966

E. Benz, Ecclesia Spiritualis, Darmstadt 1969

B. D. del Castillo, Wahrhafte Geschichte der Entdeckung und Eroberung Mexicos, Stuttgart 1965

Chr. Columbus, Bordbuch, Briefe, Berichte, Bremen o. J.

Y. M. Congar, Für eine dienende und arme Kirche, Mainz 1965

F. Cumont, Die orientalischen Religionen im römischen Heidentum, Darmstadt 1969

W. Dirks, Die Antwort der Mönche, Frankfurt 1952

H. Dörries, Konstantin der Große, Stuttgart 1958

L. und Th. Engl, Glanz und Untergang des Inkareiches, München 1967

G. Freyre, Herrenhaus und Sklavenhütte; ein Bild der brasilianischen Gesellschaft, Köln-Berlin 1965

J. Evans, Das Leben im mittelalterlichen Frankreich, Köln 1960

L. Grane, Peter Abaelard, Göttingen 1969

M. Grabmann, Die Geschichte der katholischen Theologie, Darmstadt 1961

H. Grundmann, Studien über Joachim von Fiore, Darmstadt 1966

Ders., Religiöse Bewegungen im Mittelalter, Darmstadt 1970

J. Haller, Das Papsttum, Idee und Wirklichkeit. 5 Bde, Hamburg 1965

R. Hernegger, Macht ohne Auftrag, Olten-Freiburg 1963

E. Hassinger, Das Werden des Neuzeitlichen Europa, 1300 bis 1600, Braunschweig 1964

F. Heer, Europäische Geistesgeschichte, Stuttgart 1965

Ders., Kreuzzüge – gestern, heute, morgen? Luzern-Frankfurt 1969

K. Jordan, Die Entstehung der römischen Kurie, Darmstadt 1962

H. Kamen, Die spanische Inquisition, München 1967

H. Kühner, Tabus der Kirchengeschichte, Nürnberg 1964

G. Kranz, Politische Heilige. 2 Bde., August 1959

G. Ladner, Theologie und Politik vor dem Investiturstreit, Darmstadt 1968

O. Lewis, Die Kinder von Sanchez, Düsseldorf 1963
Ders., Pedro Martinez, Düsseldorf 1965
A. Lippold, Theodosius der Große und seine Zeit, Stuttgart 1968
H. de Lubac, Die Tragödie des Humanismus ohne Gott, Salzburg 1950
F. Leist, Der Gefangene des Vatikans, München 1971
K. Löwith, Weltgeschichte und Heilsgeschehen, Stuttgart 1961
S. de Madariaga, Cortés, Eroberer Mexicos, München 1961
Ders., Die Erben der Conquistadoren, Stuttgart 1964
Ders., Bolivar, Stuttgart 1961
Ders., Kolumbus, Entdeckung Neuer Welten, München-Bern 1966
J. Madaule, Das Drama von Albi, Olten-Freiburg 1964
P. Manns, Die Heiligen in ihrer Zeit. 2 Bde., Mainz 1966
R. Maslowski, Der Skandal Portugal, Land ohne Menschenrechte, München 1971
A. Mittler, Eroberung eines Kontinents – der große Aufbruch in den amerikanischen Westen, Zürich-Freiburg 1968
A. Mirgeler, Rückblick auf das abendländische Christentum, Mainz 1961
Ders., Geschichte Europas, Freiburg 1964
W. Nigg, Das Buch der Ketzer, Stuttgart 1962
G. v. Paczensky, Die Weißen kommen; die wahre Geschichte des Kolonialismus; ausführliches Literatur-Verzeichnis zum Thema, Hamburg 1970
J. Pieper, Scholastik, München 1960
Ders., Das Viergespann, München 1964
R. Rörig, Die europäische Stadt im Mittelalter, Göttingen 1964
Raske/Schäfer/Wetzel, Der totalitäre Gottesstaat, Düsseldorf 1970
Reinh. Schneider, Das erzählerische und autobiographische Werk; Papst-Dramen; Briefe an Freunde. Verschiedene Verlage und Jahrgänge
J. Spörl, Grundformen mittelalterlicher Geschichtsanschauung, Darmstadt 1963
F. X. Seppelt, Geschichte der Päpste von den Anfängen bis zur Mitte des 20. Jahrhunderts, 6 Bde., München 1954/59
U. Schmiedel, Wahrhaftige Historien einer wunderbaren Schiffahrt, Graz 1962
H. Staden, Zwei Reisen nach Brasilien, 1548–1555, Marburg 1963
K. D. Schmidt, Grundriß der Kirchengeschichte, Göttingen 1963
H. Schmökl, Das Land Sumer, Stuttgart 1962

H. Schreiber, Die zehn Gebote, Düsseldorf 1962
C. Torres, Revolution als Aufgabe des Christen, Mainz 1969
A. J. Toynbee, Der Gang der Weltgeschichte. 4 Bde., München 1970
Ders., Krieg und Kultur, Zürich-Wien 1950
Ders., Menschheit – woher und wohin? Stuttgart 1969